WILLIAM SHAKESPEARE

EIN SOMMERNACHTSTRAUM

Komödie

HAMBURGER LESEHEFTE VERLAG
HUSUM/NORDSEE

PERSONEN

THESEUS, Herzog von Athen
EGEUS, Vater der Hermia
LYSANDER ⎫
DEMETRIUS ⎬ Liebhaber der Hermia
PHILOSTRAT, Aufseher der Lustbarkeiten am Hofe des Theseus
SQUENZ, der Zimmermann
SCHNOCK, der Schreiner
ZETTEL, der Weber
FLAUT, der Bälgenflicker
SCHNAUZ, der Kesselflicker
SCHLUCKER, der Schneider
HIPPOLYTA, Königin der Amazonen, mit Theseus verlobt
HERMIA, Tochter des Egeus, in Lysander verliebt
HELENA, in Demetrius verliebt
OBERON, König der Elfen
TITANIA, Königin der Elfen
DROLL ⎫
BOHNENBLÜTE ⎪
SPINNWEB ⎬ Elfen
MOTTE ⎪
SENFSAMEN ⎭
PYRAMUS ⎫
THISBE ⎪
WAND ⎬ Rollen in dem Zwischenspiele,
MONDSCHEIN ⎪ das von den Rüpeln vorgestellt wird
LÖWE ⎭
Andere Elfen im Gefolge des Königs und der Königin. Gefolge des Theseus und der Hippolyta

Szene – A t h e n und ein nahe gelegener Wald

ERSTER AKT

ERSTE SZENE

Ein Saal im Palaste des Theseus

Theseus, Hippolyta, Philostrat und Gefolge treten auf.

THESEUS. Nun rückt, Hippolyta, die Hochzeitsstunde
 Mit Eil heran; vier frohe Tage bringen
 Den neuen Mond; doch, o wie langsam nimmt
 Der alte ab! Er hält mein Sehnen hin,
 Gleich einer Witwe, deren dürres Alter
 Von ihres Stiefsohns Renten lange zehrt.
HIPPOLYTA. Vier Tage tauchen sich ja schnell in Nächte;
 Vier Nächte träumen schnell die Zeit hinweg:
 Dann soll der Mond, gleich einem Silberbogen
 Am Himmel neu gespannt, die Nacht beschaun
 Von unserm Fest.
THESEUS.   Geh, Philostrat, berufe
 Die junge Welt Athens zu Lustbarkeiten!
 Erweck den raschen leichten Geist der Lust.
 Den Gram verweise hin zu Leichenzügen:
 Der bleiche Gast geziemt nicht unserm Pomp.
     (Philostrat ab).
 Hippolyta! ich habe mit dem Schwert
 Um dich gebuhlt, durch angetanes Leid
 Dein Herz gewonnen; doch ich stimme nun
 Aus einem andern Ton, mit Pomp, Triumph,
 Bankett und Spielen die Vermählung an.
  Egeus, Hermia, Lysander und Demetrius treten auf.
EGEUS. Dem großen Theseus, unserm Herzog, Heil!
THESEUS. Mein guter Egeus, Dank! Was bringst du Neues?
EGEUS. Verdrusses voll erschein ich und verklage
 Mein Kind hier, meine Tochter Hermia.
 Tritt her, Demetrius! – Erlauchter Herr,
 Dem da verhieß mein Wort zum Weibe sie.
 Tritt her, Lysander – Und, mein gnäd'ger Fürst,
 Der da betörte meines Kindes Herz. –
 Ja! Du, Lysander, du hast Liebespfänder
 Mit ihr getauscht, du stecktest Reim' ihr zu;
 Du sangst im Mondlicht unter ihrem Fenster
 Mit falscher Stimme Lieder falscher Liebe!

Du stahlst den Abdruck ihrer Phantasie
Mit Flechten deines Haares, buntem Tand,
Mit Ringen, Sträußen, Näschereien (Boten
Von viel Gewicht bei unbefangner Jugend);
Entwandtest meiner Tochter Herz mit List,
Verkehrtest ihren kindlichen Gehorsam
In eigensinn'gen Trotz. – Und nun, mein Fürst,
Verspricht sie hier vor Eurer Hoheit nicht
Sich dem Demetrius zur Eh, so fordr' ich
Das alte Bürgervorrecht von Athen,
Mit ihr, wie sie mein Eigen ist, zu schalten.
Dann übergeb ich diesem Manne sie,
Wo nicht, dem Tode, welchen unverzüglich
In diesem Falle das Gesetz verhängt.
THESEUS. Was sagt Ihr, Hermia? Lasst Euch raten, Kind,
Der Vater sollte wie ein Gott Euch sein,
Der Euren Reiz gebildet; ja wie einer,
Dem Ihr nur seid wie ein Gepräg, in Wachs
Von seiner Hand gedrückt, wie's ihm gefällt,
Es stehn zu lassen oder auszulöschen.
Demetrius ist ja ein wackrer Mann.
HERMIA. Lysander auch.
THESEUS.   An sich betrachtet wohl.
So aber, da des Vaters Stimm ihm fehlt,
Müsst Ihr für wackrer doch den andern achten.
HERMIA. O säh mein Vater nur mit meinen Augen!
THESEUS. Eur Auge muss nach seinem Urteil sehn.
HERMIA. Ich bitt Euch, gnäd'ger Fürst, mir zu verzeihn:
Ich weiß nicht, welche Macht mir Kühnheit gibt,
Noch wie es meiner Sittsamkeit geziemt,
In solcher Gegenwart das Wort zu führen;
Doch dürft ich mich zu fragen unterstehn:
Was ist das härteste, das mich treffen kann,
Verweigr' ich dem Demetrius die Hand?
THESEUS. Den Tod zu sterben, oder immerdar
Den Umgang aller Männer abzuschwören.
Drum fraget Eure Wünsche, schönes Kind,
Bedenkt die Jugend, prüfet Euer Blut,
Ob Ihr die Nonnentracht ertragen könnt,
Wenn Ihr der Wahl des Vaters widerstrebt;
Im dumpfen Kloster ewig eingesperrt,
Als unfruchtbare Schwester zu verharren,
Den keuschen Mond mit matten Hymnen feiernd.

75 O dreimal selig, die, des Bluts Beherrscher,
So jungfräuliche Pilgerschaft bestehn!
Doch die gepflückte Ros ist irdischer beglückt
Als die, am unberührten Dorne welkend,
Wächst, lebt und stirbt in heil'ger Einsamkeit.
80 HERMIA. So will ich leben, gnäd'ger Herr, so sterben,
Eh ich den Freiheitsbrief des Mädchentums
Der Herrschaft dessen überliefern will,
Des unwillkommnem Joche mein Gemüt
Die Huldigung versagt.
85 THESEUS. Nehmt Euch Bedenkzeit auf den nächsten Neumond,
Den Tag, der zwischen mir und meiner Lieben
Den ew'gen Bund der Treu besiegeln wird,
Auf diesen Tag bereitet Euch zu sterben
Für Euren Ungehorsam, oder nehmt
90 Demetrius zum Gatten, oder schwört
Auf ewig an Dianens Weihaltar
Ehlosen Stand und Abgeschiedenheit.
DEMETRIUS. Gebt, Holde, nach; gib gegen meine Rechte,
Lysander, deinen kahlen Anspruch auf!
95 LYSANDER. Demetrius, Ihr habt des Vaters Liebe:
Nehmt ihn zum Weibe; lasst mir Hermia.
EGEUS. Ganz recht, du Spötter! Meine Liebe hat er;
Was mein ist, wird ihm meine Liebe geben;
Und sie ist mein; und alle meine Rechte
100 An sie verschreib ich dem Demetrius.
LYSANDER. Ich bin, mein Fürst, so edlen Stamms wie er;
So reich an Gut; ich bin an Liebe reicher;
Mein Glücksstand hält die Waag auf alle Weise
Dem seinigen, wo er nicht überwiegt;
105 Und (dies gilt mehr als jeder andre Ruhm)
Ich bin es, den die schöne Hermia liebt.
Wie sollt ich nicht bestehn auf meinem Recht?
Demetrius (ich will's auf seinen Kopf
Beteuern) buhlte sonst um Helena,
110 Die Tochter Nedars, und gewann ihr Herz;
Und sie, das holde Kind, schwärmt nun für ihn,
Schwärmt andachtsvoll, ja mit Abgötterei,
Für diesen schuld'gen, flatterhaften Mann.
THESEUS. Ich muss gestehn, dass ich dies auch gehört
115 Und mit Demetrius davon zu sprechen
Mir vorgesetzt, nur, da ich überhäuft
Mit eignen Sorgen bin, entfiel es mir.

Doch ihr, Demetrius und Egeus, kommt!
Ihr müsst jetzt mit mir gehn, weil ich mit euch
Verschiedenes insgeheim verhandeln will.
Ihr, schöne Hermia, rüstet Euch, dem Sinn
Des Vaters Eure Grillen anzupassen:
Denn sonst bescheidet Euch Athens Gesetz,
Das wir auf keine Weise schmälern können,
Tod oder ein Gelübd des led'gen Standes.
Wie geht's, Hippolyta? Kommt, meine Traute!
Ihr, Egeus und Demetrius, geht mit!
Ich hab euch noch Geschäfte aufzutragen
Für unser Fest; auch muss ich noch mit euch
Von etwas reden, das euch nah betrifft.
EGEUS. Dienstwillig und mit Freuden folgen wir.
(Theseus, Hippolyta, Egeus, Demetrius und Gefolge ab.)
LYSANDER. Nun liebes Herz? Warum so blass die Wange?
Wie sind die Rosen dort so schnell verwelkt?
HERMIA. Vielleicht, weil Regen fehlt, womit gar wohl
Sie mein umwölktes Auge netzen könnte.
LYSANDER. Weh mir! Nach allem, was ich jemals las
Und jemals hört' in Sagen und Geschichten,
Rann nie der Strom der treuen Liebe sanft;
Denn bald war sie verschieden an Geburt –
HERMIA. O Qual! zu hoch, vor Niedrigem zu knien!
LYSANDER. Bald war sie in den Jahren missgepaart –
HERMIA. O Schmach! zu alt, mit jung vereint zu sein!
LYSANDER. Bald hing sie ab von der Verwandten Wahl –
HERMIA. O Tod! mit fremdem Aug den Liebsten wählen!
LYSANDER. Und war auch Sympathie in ihrer Wahl,
So stürmte Krieg, Tod, Krankheit auf sie ein,
Und macht' ihr Glück gleich einem Schalle flüchtig,
Wie Schatten wandelbar, wie Träume kurz,
Schnell, wie der Blitz, der in geschwärzter Nacht
Himmel und Erd in einem Wink entfaltet;
Doch eh ein Mensch vermag zu sagen: schaut!
Schlingt gierig ihn die Finsternis hinab:
So schnell verdunkelt sich des Glückes Schein.
HERMIA. Wenn Leid denn immer treue Liebe traf,
So steht es fest im Rate des Geschicks.
Drum lass Geduld uns durch die Prüfung lernen,
Weil Leid der Liebe so geeignet ist,
Wie Träume, Seufzer, stille Wünsche, Tränen,
Der armen kranken Leidenschaft Gefolge.

LYSANDER. Ein guter Glaube! Hör denn, Hermia!
Es liegt nur sieben Meilen von Athen
Das Haus 'ner alten Witwe, meiner Muhme;
Sie lebt von großen Renten, hat kein Kind
Und achtet mich wie ihren einz'gen Sohn.
Dort, Holde, darf ich mich mit dir vermählen,
Dorthin verfolgt das grausame Gesetz
Athens uns nicht; liebst du mich denn, so schleiche
Aus deines Vaters Hause morgen Nacht,
Und in dem Wald, 'ne Meile von der Stadt,
Wo ich einmal mit Helena dich traf,
Um einen Maienmorgen zu begehn,
Da will ich deiner warten.
HERMIA.   Mein Lysander!
Ich schwör es dir bei Amors stärkstem Bogen,
Bei seinem besten goldgespitzten Pfeil
Und bei der Unschuld von Cytherens Tauben;
Bei dem, was Seelen knüpft, in Lieb und Glauben;
Bei jenem Feu'r, wo Dido einst verbrannt,
Als der Trojaner falsch sich ihr entwandt,
Bei jedem Schwur, den Männer je gebrochen,
Mehr an der Zahl, als Frauen je gesprochen:
Du findest sicher morgen Mitternacht
Mich an dem Platz, wo wir es ausgemacht.
LYSANDER. Halt, Liebe, Wort! Sieh, da kommt Helena.
        Helena tritt auf.
HERMIA. Gott grüß Euch, schönes Kind! wohin soll's gehn?
HELENA. Schön nennt Ihr mich? – Nein, widerruft dies Schön!
Euch liebt Demetrius, beglückte Schöne!
Ein Angelstern ist Euer Aug; die Töne
Der Lippe süßer, als der Lerche Lied
Dem Hirten scheint, wenn alles grünt und blüht.
Krankheit steckt an: o tät's Gestalt und Wesen!
Nie wollt ich, angesteckt von Euch, genesen.
Mein Aug lieh Euren Blick, die Zunge lieh
Von Eurer Zunge Wort und Melodie.
Wär mein die Welt, ich ließ damit Euch schalten;
Nur diesen Mann wollt ich mir vorbehalten.
O lehrt mich, wie Ihr blickt! Durch welche Kunst
Hängt so Demetrius an Eurer Gunst?
HERMIA. Er liebt mich stets, trotz meinen finstern Mienen.
HELENA. O lernte das mein Lächeln doch von ihnen!
HERMIA. Ich fluch ihm, doch das nährt sein Feuer nur.

HELENA. Ach, hegte solche Kraft mein Liebesschwur!
HERMIA. Je mehr gehasst, je mehr verfolgt er mich.
HELENA. Je mehr geliebt, je ärger hasst er mich.
HERMIA. Soll ich denn schuld an seiner Torheit sein?
HELENA. Nur Eure Schönheit: wär die Schuld doch mein!
HERMIA. Getrost! ich werd ihm mein Gesicht entziehen.
    Lysander wird mit mir von hinnen fliehen.
    Vor jener Zeit, als ich Lysandern sah,
    Wie schien Athen ein Paradies mir da!
    Nun denn, wofür sind Reize wohl zu achten,
    Die einen Himmel mir zur Hölle machten?
LYSANDER. Lass, Helena, dir unsern Schluss vertrauen.
    Wann morgen Phöbe die begrünten Auen
    Mit ihrer Perlen feuchtem Schmuck betaut
    Und ihre Stirn im Wellenspiegel schaut;
    Wann Still und Nacht verliebten Raub verhehlen,
    Dann wollen wir zum Tor hinaus uns stehlen.
HERMIA. Und in dem Wald, wo oftmals ich und du
    Auf Veilchenbetten pflogen sanfter Ruh,
    Wo unsre Herzen schwesterlich einander
    Sich öffneten, da trifft mich mein Lysander.
    Wir suchen, von Athen hinweggewandt,
    Uns neue Freunde dann in fremdem Land.
    Leb wohl, Gespielin, bete für uns beide!
    Demetrius sei deines Herzens Freude!
    Lysander, halte Wort! – Was Lieb erquickt,
    Wird unserm Blick bis morgen Nacht entrückt. (*Ab.*)
LYSANDER. Das will ich! – Lebet wohl nun, Helena!
    Der Liebe Lohn sei Eurer Liebe nah! (*Ab.*)
HELENA. Wie kann das Glück so wunderlich doch schalten!
    Ich werde für so schön als sie gehalten;
    Was hilft es mir, solang Demetrius
    Nicht wissen will, was jeder wissen muss?
    Wie Wahn ihn zwingt, an Hermias Blick zu hangen,
    Vergöttr' ich ihn, von gleichem Wahn befangen.
    Dem schlechtsten Ding an Art und an Gehalt
    Leiht Liebe dennoch Ansehn und Gestalt.
    Sie sieht mit dem Gemüt, nicht mit den Augen,
    Und ihr Gemüt kann nie zum Urteil taugen.
    Drum nennt man ja den Gott der Liebe blind.
    Auch malt man ihn geflügelt und als Kind,
    Weil er, von Spiel zu Spielen fortgezogen,
    In seiner Wahl so häufig wird betrogen.

Wie Buben oft im Scherze lügen, so
Ist auch Cupido falscher Schwüre froh.
Eh Hermia meinen Liebsten musst' entführen,
Ergoss er mir sein Herz in tausend Schwüren;
Doch, kaum erwärmt von jener neuen Glut,
Verrann, versiegte diese wilde Flut.
Jetzt geh ich, Hermias Flucht ihm mitzuteilen:
Er wird ihr nach zum Walde morgen eilen.
Zwar, wenn er Dank für den Bericht mir weiß,
So kauf ich ihn um einen teuren Preis.
Doch will ich, mich für meine Müh zu laben,
Hin und zurück des Holden Anblick haben. (*Ab.*)

ZWEITE SZENE

Eine Stube in einer Hütte

*Squenz, Schnock, Zettel, Flaut, Schnauz
und Schlucker kommen.*

SQUENZ. Ist unsre ganze Kompanie beisammen?
ZETTEL. Es wäre am besten, Ihr riefet sie auf einmal Mann für Mann auf, wie es die Liste gibt.
SQUENZ. Hier ist der Zettel von jedermanns Namen, der in ganz Athen für tüchtig gehalten wird, in unserm Zwischenspiel vor dem Herzog und der Herzogin zu agieren, an seinem Hochzeitstag zu Nacht.
ZETTEL. Erst, guter Peter Squenz, sag uns, wovon das Stück handelt; dann lies die Namen der Akteurs ab, und komm so zur Sache.
SQUENZ. Wetter, unser Stück ist – Die höchst klägliche Komödie und der höchst grausame Tod des Pyramus und der Thisbe.
ZETTEL. Ein sehr gutes Stück Arbeit, ich sag's euch! und lustig! – Nun, guter Peter Squenz, ruf die Akteurs nach dem Zettel auf. – Meisters, stellt euch auseinander!
SQUENZ. Antwortet, wie ich euch rufe! – Klaus Zettel, der Weber!
ZETTEL. Hier! sagt, was ich für einen Part habe, und dann weiter.
SQUENZ. Ihr, Klaus Zettel, seid als Pyramus angeschrieben.
ZETTEL. Was ist Pyramus? Ein Liebhaber oder ein Tyrann?

SQUENZ. Ein Liebhaber, der sich auf die honetteste Manier vor Liebe umbringt.
ZETTEL. Das wird einige Tränen kosten bei einer wahrhaftigen Vorstellung. Wenn ich's mache, lasst die Zuhörer nach ihren Augen sehn! Ich will Sturm erregen, ich will einigermaßen lamentieren. Nun zu den Übrigen: – Eigentlich habe ich doch das beste Genie zu einem Tyrannen; ich könnte einen Herkles kostbarlich spielen, oder eine Rolle, wo man alles kurz und klein schlagen muss.

„Der Felsen Schoß
Und toller Stoß
Zerbricht das Schloss
Der Kerkertür;

Und Phöbus' Karr'n
Kommt angefahr'n,
Und macht erstarr'n
Des stolzen Schicksals Zier."

Das ging prächtig! – Nun nennt die übrigen Akteurs. – Dies ist Herklessens Natur, eines Tyrannen Natur; ein Liebhaber ist schon mehr lamentabel.
SQUENZ. Franz Flaut, der Bälgenflicker!
FLAUT. Hier, Peter Squenz.
SQUENZ. Flaut, Ihr müsst Thisbe über Euch nehmen.
FLAUT. Was ist Thisbe? ein irrender Ritter?
SQUENZ. Es ist das Fräulein, das Pyramus lieben muss.
FLAUT. Ne, meiner Seel lasst mich keine Weiberrolle machen; ich kriege schon einen Bart.
SQUENZ. Das ist alles eins! Ihr sollt's in einer Maske spielen, und ihr könnt so fein sprechen, als Ihr wollt.
ZETTEL. Wenn ich das Gesicht verstecken darf, so gebt mir Thisbe auch. Ich will mit 'ner terribel feinen Stimme reden: „Thisne, Thisne! – Ach, Pyramus, mein Liebster schön! Deine Thisbe schön, und Fräulein schön!"
SQUENZ. Nein, nein! Ihr müsst den Pyramus spielen, und Flaut, Ihr die Thisbe.
ZETTEL. Gut, nur weiter!
SQUENZ. Matz Schlucker, der Schneider!
SCHLUCKER. Hier, Peter Squenz.
SQUENZ. Matz Schlucker, Ihr müsst Thisbes Mutter spielen. Thoms Schnauz, der Kesselflicker!
SCHNAUZ. Hier, Peter Squenz.
SQUENZ. Ihr, des Pyramus' Vater; ich selbst, Thisbes Vater;

Schnock, der Schreiner, Ihr des Löwen Rolle. Und so wäre denn halt 'ne Komödie in den Schick gebracht.
SCHNOCK. Habt Ihr des Löwen Rolle aufgeschrieben? Bitt Euch, wenn Ihr sie habt, so gebt sie mir; denn ich habe einen schwachen Kopf zum Lernen.
SQUENZ. Ihr könnt sie extempore machen: es ist nichts wie brüllen.
ZETTEL. Lasst mich den Löwen auch spielen. Ich will brüllen, dass es einem Menschen im Leibe wehtun soll, mich zu hören. Ich will brüllen, dass der Herzog sagen soll: Noch 'mal brüllen! Noch 'mal brüllen!
SQUENZ. Wenn Ihr es gar zu fürchterlich machtet, so würdet Ihr die Herzogin und die Damen erschrecken, dass sie schrien, und das brächte euch alle an den Galgen.
ALLE. Ja, das brächte uns an den Galgen, wie wir da sind.
ZETTEL. Zugegeben, Freunde! Wenn ihr die Damen erst so erschreckt, dass sie um ihre fünf Sinne kommen, so werden sie unvernünftig genug sein, uns aufzuhängen. Aber ich will meine Stimme forcieren, ich will euch so sanft brüllen wie ein saugendes Täubchen; – ich will euch brüllen, als wär es 'ne Nachtigall.
SQUENZ. Ihr könnt keine Rolle spielen als den Pyramus. Denn Pyramus ist ein Mann mit einem süßen Gesicht, ein hübscher Mann, wie man ihn nur an Festtagen verlangen kann, ein charmanter, artiger Kavalier. Derhalben müsst Ihr platterdings den Pyramus spielen.
ZETTEL. Gut, ich nehm's auf mich. In was für einem Bart könnt ich ihn wohl am besten spielen?
SQUENZ. Nu, in was für einem Ihr wollt.
ZETTEL. Ich will ihn machen, entweder in dem strohfarbenen Bart, oder in dem orangegelben Bart, oder in dem karmesinroten Bart, in dem ganz gelben.
SQUENZ. Hier, Meisters, sind eure Rollen, und ich muss euch bitten, ermahnen und ersuchen, sie bis morgen Nacht auswendig zu wissen. Trefft mich in dem Schlosswalde, eine Meile von der Stadt, bei Mondschein; da wollen wir probieren. Denn wenn wir in der Stadt zusammenkommen, werden wir ausgespürt, kriegen Zuhörer, und die Sache kommt aus. Zugleich will ich ein Verzeichnis von Artikeln machen, die zu unserm Spiele nötig sind. Ich bitt euch, bleibt mir nicht aus.
ZETTEL. Wir wollen kommen, und da können wir recht unverschämt und herzhaft probieren. Gebt euch Mühe! Könnt eure Rollen perfekt! Adieu!

SQUENZ. Bei des Herzogs Eiche treffen wir uns.
ZETTEL. Dabei bleibt's! es mag biegen oder brechen!
(Alle ab.)

ZWEITER AKT

ERSTE SZENE

Ein Wald bei Athen

Ein Elfe kommt von einer Seite, Droll von der andern.

³⁶⁵ DROLL. He, Geist! Wo geht die Reise hin?
ELFE. Über Täler und Höh'n,
　　Durch Dornen und Steine,
　　Über Gräben und Zäune,
　　Durch Flammen und See'n
³⁷⁰　Wandl' ich, schlüpf ich überall,
　　Schneller als des Mondes Ball.
　　Ich dien der Elfenkönigin
　　Und tau ihr Ring aufs Grüne hin.
　　Die Primeln sind ihr Hofgeleit;
³⁷⁵　Ihr seht die Fleck' im goldnen Kleid:
　　Das sind Rubinen, Feengaben,
　　Wodurch sie süß mit Düften laben.
　Nun such ich Tropfen Taus hervor
　Und häng 'ne Perl in jeder Primel Ohr.
³⁸⁰　Leb wohl! ich geh, du täppischer Geselle!
　Der Zug der Königin kommt auf der Stelle.
DROLL. Der König will sein Wesen nachts hier treiben.
　Warnt nur die Königin, entfernt zu bleiben,
　Weil Oberon vor wildem Grimme schnaubt,
³⁸⁵　Dass sie ein indisch Fürstenkind geraubt,
　Als Edelknabe künftig ihr zu dienen:
　Kein schöners Bübchen hat der Tag beschienen,
　Und eifersüchtig fordert Ob'ron ihn,
　Den rauen Forst als Knappe zu durchziehn.
³⁹⁰　Doch sie versagt durchaus den holden Knaben,
　Bekränzt ihn, will an ihm sich einzig laben.
　Nun treffen sie sich nie in Wies und Hain,
　Am klaren Quell, bei lust'gem Sternenschein;
　So zanken sie zu aller Elfen Schrecken,
³⁹⁵　Die sich geduckt in Eichelnäpfe stecken.
ELFE. Wenn du nicht ganz dich zu verstellen weißt,
　So bist du jener schlaue Poltergeist,
　Der auf dem Dorf die Dirnen zu erhaschen,
　Zu necken pflegt; den Milchtopf zu benaschen;

Durch den der Brau missrät; und mit Verdruss
Die Hausfrau atemlos sich buttern muss;
Der oft bei Nacht den Wandrer irreleitet;
Dann schadenfroh mit Lachen ihn begleitet.
Doch wer dich freundlich grüßt, dir Liebes tut,
Dem hilfst du gern, und ihm gelingt es gut.
Bist du der Kobold nicht?
DROLL. Du hast's geraten,
Ich schwärme nachts umher auf solche Taten.
Oft lacht bei meinen Scherzen Oberon:
Ich locke wiehernd mit der Stute Ton
Den Hengst, den Haber kitzelt in der Nase;
Auch lausch ich wohl in der Gevattrin Glase,
Wie ein gebratner Apel klein und rund;
Und wenn sie trinkt, fahr ich ihr an den Mund,
Dass ihr das Bier die platte Brust betriefet.
Zuweilen hält, in Trauermär vertiefet,
Die weise Muhme für den Schemel mich:
Ich gleit ihr weg, sie setzt zur Erde sich
Auf ihren Steiß und schreit: Perdauz! und hustet.
Der ganze Kreis hält sich die Seiten, prustet,
Lacht lauter dann, bis sich die Stimm erhebt;
Nein, solch ein Spaß sei nimmermehr erlebt!
Mach Platz nun, Elfchen: hier kommt Oberon.
ELFE. Hier meine Königin. – O macht er sich davon!
  Oberon mit seinem Zuge, von der einen Seite;
    Titania mit dem ihrigen, von der andern.
OBERON.
Schlimm treffen wir bei Mondenlicht, du stolze Titania!
TITANIA. Wie? Oberon ist hier,
Der Eifersücht'ge? Elfen, schlüpft von hinnen:
Denn ich verschwor sein Bett und sein Gespräch.
OBERON. Vermessne, halt! Bin ich nicht dein Gemahl?
TITANIA. So muss ich wohl dein Weib sein; doch ich weiß
Die Zeit, dass du dich aus dem Feenland
Geschlichen, tagelang als Corydon
Gesessen, spielend auf dem Haberrohr,
Und Minne der verliebten Phyllida
Gesungen hast. – Und warum kommst du jetzt
Von Indiens entferntestem Gebirg,
Als weil – ei, denkt doch! – weil die Amazone,
Die strotzende, hoch aufgeschürzte Dame,
Dein Heldenliebchen, sich vermählen will?

Da kommst du denn, um ihrem Bette Heil
Und Segen zu verleihn.
OBERON.   Titania,
Wie kannst du dich vermessen, anzuspielen
Auf mein Verständnis mit Hippolyta?
Da du doch weißt, ich kenne deine Liebe
Zum Theseus? Locktest du im Dämmerlichte
Der Nacht ihn nicht von Perigunen weg,
Die er vorher geraubt? Warst du nicht schuld,
Dass er der schönen Aegle Treue brach,
Der Ariadne und Antiopa?
TITANIA. Das sind die Grillen deiner Eifersucht!
Und nie, seit jenem Sommer, trafen wir
Auf Hügeln noch im Tal, in Wald noch Wiese,
Am Kieselbrunnen, am beschilften Bach,
Noch an des Meeres Klippenstrand uns an,
Und tanzten Ringel nach des Windes Pfeifen,
Dass dein Gezänk uns nicht die Lust verdarb.
Drum sog der Wind, der uns vergeblich pfiff,
Als wie zur Rache, böse Nebel auf
Vom Grund des Meeres; die fielen auf das Land
Und machten jeden winz'gen Bach so stolz,
Dass er des Bettes Dämme niederriss.
Drum schleppt der Stier sein Joch umsonst, der Pflüger
Vergeudet seinen Schweiß, das grüne Korn
Verfault, eh seine Jugend Bart gewinnt.
Leer steht die Hürd auf der ersäuften Flur,
Und Krähen prassen in der siechen Herde.
Verschlämmt vom Lehme liegt die Kegelbahn;
Unkennbar sind die art'gen Labyrinthe
Im muntern Grün, weil niemand sie betritt.
Den Menschenkindern fehlt die Winterlust;
Kein Sang noch Jubel macht die Nächte froh.
Drum hat der Mond, der Fluten Oberherr,
Vor Zorne bleich, die ganze Luft gewaschen
Und fieberhafter Flüsse viel erzeugt.
Durch eben die Zerrüttung wandeln sich
Die Jahreszeiten: silberhaar'ger Frost
Fällt in den zarten Schoß der Purpurrose;
Indes ein würz'ger Kranz von Sommerknospen
Auf Hiems Kinn und der beeisten Scheitel,
Als wie zum Spotte, prangt. Der Lenz, der Sommer,
Der zeitigende Herbst, der zorn'ge Winter,

Sie alle tauschen die gewohnte Tracht,
Und die erstaunte Welt erkennt nicht mehr
An ihrer Frucht und Art, wer jeder ist.
Und diese ganze Brut von Plagen kommt
Von unserm Streit, von unserm Zwiespalt her;
Wir sind davon die Stifter und Erzeuger.
OBERON. So hilf dem ab! Es liegt an dir. Warum
Kränkt ihren Oberon Titania?
Ich bitte nur ein kleines Wechselkind
Zum Edelknaben.
TITANIA. Gib dein Herz zur Ruh!
Das Feenland kauft mir dies Kind nicht ab.
Denn seine Mutter war aus meinem Orden
Und hat in Indiens gewürzter Luft
Gar oft mit mir die Nächte weggeschwatzt.
Wir saßen auf Neptunus' gelbem Sand,
Sah'n nach den Handelsschiffen auf der Flut
und lachten, wenn vom üpp'gen Spiel des Windes
Der Segel schwangrer Leib zu schwellen schien.
Dies ahmte sie, mit kleinen Schritten wankend,
(Ihr Leib trug damals meinen kleinen Junker),
Aus Torheit nach und segelt' auf dem Lande
Nach Spielereien aus, und kehrte, reich
An Ware, wie von einer Reise, heim;
Doch sie, ein sterblich Weib, starb an dem Kinde.
Und ihr zulieb erzieh ich nun das Kind,
Und ihr zuliebe geb ich es nicht weg.
OBERON. Wie lange denkt Ihr hier im Hain zu weilen?
TITANIA. Vielleicht bis nach des Theseus Hochzeitsfest.
Wollt Ihr in unsern Ringen ruhig tanzen
Und unsre lust'gen Mondscheinspiele sehn,
So kommt mit uns! Wo nicht: vermeidet mich,
Und ich will nie mich nahen, wo Ihr haust.
OBERON. Gib mir das Kind, so will ich mit dir gehn.
TITANIA. Nicht um dein Königreich. – Ihr Elfen, fort mit mir;
Denn Zank erhebt sich, weil ich länger hier.
(Mit ihrem Gefolge ab.)
OBERON. Gut, zieh nur hin! du sollst aus diesem Walde
Nicht eher, bis du mir den Trotz gebüßt.
Mein guter Droll, komm her! Weißt du noch wohl,
Wie ich einst saß auf einem Vorgebirge
Und 'ne Sirene, die ein Delphin trug,
So süße Harmonien hauchen hörte,

Dass die empörte See gehorsam ward,
Dass Sterne wild aus ihren Kreisen fuhren,
Der Nymphe Lied zu hören?
DROLL. Ja, ich weiß.
OBERON. Zur selben Zeit sah ich (du konntest nicht)
Cupido zwischen Mond und Erde fliegen
In voller Wehr: er zielt' auf eine holde
Vestal', im Westen thronend, scharfen Blicks,
Und schnellte rasch den Liebespfeil vom Bogen,
Als sollt er hunderttausend Herzen spalten.
Allein ich sah das feurige Geschoss
Im keuschen Strahl des feuchten Monds verlöschen.
Die königliche Priesterin ging weiter,
In sittsamer Betrachtung, liebefrei.
Doch merkt' ich auf den Pfeil, wohin er fiele.
Er fiel gen Westen auf ein zartes Blümchen,
Sonst milchweiß, purpurn nun durch Amors Wunde,
Und Mädchen nennen's: Lieb im Müßiggang.
Hol mir die Blum! Ich wies dir einst das Kraut:
Ihr Saft, geträufelt auf entschlaf'ne Wimpern,
Macht Mann und Weib in jede Kreatur,
Die sie zunächst erblicken, toll vergafft.
Hol mir das Kraut; doch komm zurück, bevor
Der Leviathan eine Meile schwimmt.
DROLL. Rund um die Erde zieh ich einen Gürtel
In viermal zehn Minuten. (*Ab.*)
OBERON. Hab ich nur
Den Saft erst, so belausch ich, wenn sie schläft,
Titanien, und träufl' ihn ihr ins Auge.
Was sie zunächst erblickt, wenn sie erwacht,
Sei's Löwe, sei es Bär, Wolf oder Stier,
Ein naseweiser Aff, ein Paviänchen:
Sie soll's verfolgen mit der Liebe Sinn.
Und eh ich sie von diesem Zauber löse,
Wie ich's vermag mit einem andern Kraut,
Muss sie mir ihren Edelknaben lassen.
Doch still, wer kommt hier? Ich bin unsichtbar
Und will auf ihre Unterredung horchen.
Demetrius und Helena treten auf.
DEMETRIUS. Ich lieb dich nicht: verfolge mich nicht mehr!
Wo ist Lysander und die schöne Hermia?
Ihn töten möcht ich gern; sie tötet mich.
Du sagtest mir von ihrer Flucht hieher;

Nun bin ich hier, bin in der Wildnis wild,
Weil ich umsonst hier meine Hermia suche.
Fort! heb dich weg und folge mir nicht mehr!
HELENA. Du ziehst mich an, hartherziger Magnet!
Doch ziehest du nicht Eisen, denn mein Herz
Ist echt wie Stahl. Lass ab, mich anzuziehn,
So hab ich dir zu folgen keine Macht.
DEMETRIUS. Lock ich Euch an und tu ich schön mit Euch?
Sag ich Euch nicht die Wahrheit rund heraus,
Dass ich Euch nimmer lieb und lieben kann?
HELENA. Und eben darum lieb ich Euch nur mehr.
Ich bin Eur Hündchen, und, Demetrius,
Wenn Ihr mich schlagt, ich muss Euch dennoch schmeicheln.
Begegnet mir wie Eurem Hündchen nur,
Stoßt, schlagt mich, achtet mich gering, verliert mich:
Vergönnt mir nur, unwürdig, wie ich bin,
Euch zu begleiten. Welchen schlechtern Platz
Kann ich mir wohl in Eurer Lieb erbitten,
(Und doch ein Platz von hohem Wert für mich!)
Als dass Ihr so wie Euren Hund mich haltet.
DEMETRIUS. Erreg nicht so den Abscheu meiner Seele!
Mir ist schon übel, blick ich nur auf dich.
HELENA. Und mir ist übel, blick ich nicht auf Euch.
DEMETRIUS. Ihr tretet Eurer Sittsamkeit zu nah,
Da ihr die Stadt verlasst und einem Mann
Euch in die Hände gebt, der Euch nicht liebt,
Da Ihr den Lockungen der stillen Nacht,
Und einer öden Stätte bösem Rat
Das Kleinod Eures Mädchentums vertraut.
HELENA. Zum Schutzbrief dienet Eure Tugend mir.
Es ist nicht Nacht, wenn ich Eur Antlitz sehe;
Drum glaub ich jetzt, es sei nicht Nacht um mich.
Auch fehlt's hier nicht an Welten von Gesellschaft,
Denn Ihr seid ja für mich die ganze Welt.
Wie kann man sagen nun, ich sei allein,
Da doch die ganze Welt hier auf mich schaut?
DEMETRIUS. Ich laufe fort, verberge mich im Busch,
Und lasse dich der Gnade wilder Tiere.
HELENA. Das wildeste hat nicht ein Herz wie du.
Lauft, wenn Ihr wollt! Die Fabel kehrt sich um:
Apollo flieht, und Daphne setzt ihm nach.
Die Taube jagt den Greif; die sanfte Hindin
Stürzt auf den Tiger sich. Vergebene Eil!

Verfolgt die Zagheit, flieht die Tapferkeit.
DEMETRIUS. Ich steh nicht länger Rede: lass mich gehn!
Wo du mir folgst, so glaube sicherlich,
Ich tue dir im Walde Leides noch.
HELENA. Ach, in der Stadt, im Tempel, auf dem Felde
Tust du mir Leides. Pfui, Demetrius!
Dein Unglimpf würdigt mein Geschlecht herab.
Um Liebe kämpft ein Mann wohl mit den Waffen;
Wir sind, um euch zu werben, nicht geschaffen.
Ich folge dir und finde Wonn in Not,
Gibt die geliebte Hand mir nur den Tod.
(Beide ab.)
OBERON. Geh, Nymphe, nur! Er soll uns nicht von hinnen,
Bis du ihn fliehst und er dich will gewinnen.
Droll kommt zurück.
Hast du die Blume da? Willkommen, Wildfang!
DROLL. Da ist sie, seht!
OBERON. Ich bitt dich, gib sie mir.
Ich weiß 'nen Hügel, wo man Quendel pflückt,
Wo aus dem Gras Viol und Maßlieb nickt,
Wo dicht gewölbt des Geisblatts üpp'ge Schatten
Mit Hagedorn und mit Jasmin sich gatten.
Dort ruht Titania halbe Nächte kühl,
Auf Blumen eingewiegt durch Tanz und Spiel.
Die Schlange legt die bunte Haut dort nieder,
Ein weit Gewand für eines Elfen Glieder.
Ich netz ihr Aug mit dieser Blume Saft,
Der ihr den Kopf voll schnöder Grillen schafft.
Nimm auch davon und such in diesem Holze:
Ein holdes Mädchen wird mit sprödem Stolze
Von einem Jüngling, den sie liebt, verschmäht.
Salb ihn; doch so, dass er die Schön erspäht,
Sobald er aufwacht. Am athenischen Gewand
Wird ohne Müh der Mann von dir erkannt.
Verfahre sorgsam, dass mit heißerm Triebe,
Als sie den Liebling, er sie wieder liebe,
Und triff mich vor dem ersten Hahnenschrei.
DROLL. Verlasst Euch, Herr, auf Eures Knechtes Treu.
(Sie gehen ab.)

ZWEITE SZENE

Ein anderer Teil des Waldes

Titania kommt mit ihrem Gefolge.

TITANIA. Kommt, einen Ringel, einen Feensang! 640
Dann auf das Drittel 'ner Minute fort!
Ihr, tötet Raupen in den Rosenknospen!
Ihr andern führt mit Fledermäusen Krieg,
Bringt ihrer Flügel Balg als Beute heim,
Den kleinen Elfen Röcke draus zu machen! 645
Ihr endlich sollt den Kauz, der nächtlich kreischt
Und über unsre schmucken Geister staunt,
Von uns verscheuchen! Singt mich nun in Schlaf:
An eure Dienste dann, und lasst mich ruhn!

LIED

ERSTER ELFE.
    Bunte Schlangen, zweigezüngt! 650
    Igel, Molche, fort von hier!
    Dass ihr euren Gift nicht bringt,
    In der Königin Revier!
CHOR. Nachtigall, mit Melodei
    Sing in unser Eia popei! 655
    Eia popeia! Eia popei!
    Dass kein Spruch,
    Kein Zauberfluch
    Der holden Herrin schädlich sei
    Nun gute Nacht mit Eia popei! 660
ZWEITER ELFE.
    Schwarze Käfer, uns umgebt
    Nicht mit Summen! macht euch fort!
    Spinnen, die ihr künstlich webt,
    Webt an einem andern Ort!
CHOR. Nachtigall, mit Melodei 665
    Sing in unser Eia popei!
    Eia popeia! Eia popei!
    Dass kein Spruch,
    Kein Zauberfluch
    Der holden Herrin schädlich sei. 670
    Nun gute Nacht mit Eia popei!

ERSTER ELFE.
    Alles gut: nun auf und fort!
    Einer halte Wache dort!
    (Elfen ab. Titania schläft.)
    Oberon tritt auf.
(Zu Titania, indem er die Blume über ihren Augenlidern ausdrückt.)

OBERON.
    Was du wirst erwachend sehn,
    Wähl es dir zum Liebchen schön,
    Seinetwegen schmacht und stöhn.
    Sei es Brummbär, Kater, Luchs,
    Borst'ger Eber oder Fuchs,
    Was sich zeigt an diesem Platz,
    Wenn du aufwachst, wird dein Schatz;
    Sähst du gleich die ärgste Fratz! *(Ab.)*
    Lysander und Hermia treten auf.

LYSANDER. Kaum tragen durch den Wald Euch noch die Füße
    Und, ich gesteh es, ich verlor den Pfad.
    Wollt Ihr, so lasst uns ruhen, meine Süße,
    Bis tröstend sich das Licht des Tages naht.
HERMIA. Ach, ja, Lysander! sucht für Euch ein Bette;
    Der Hügel hier sei meine Schlummerstätte.
LYSANDER. Ein Rasen dien als Kissen für uns zwei:
    Ein Herz, ein Bett, zwei Busen, eine Treu.
HERMIA. Ich bitt Euch sehr! Um meinetwillen, Lieber!
    Liegt nicht so nah! Liegt weiter dort hinüber!
LYSANDER. O ärgert Euch an meiner Unschuld nicht!
    Die Liebe deute, was die Liebe spricht.
    Ich meinte nur, mein Herz sei Eurem so verbunden,
    Dass nur ein Herz in beiden wird gefunden.
    Verkettet hat zwei Busen unser Schwur:
    So wohnt in zweien eine Treue nur.
    Erlaubet denn, dass ich mich zu Euch füge;
    Denn Herz, ich lüge nicht, wenn ich so liege.
HERMIA. Wie zierlich spielt mit Worten doch mein Freund!
    Ich würde selbst ja meiner Unart feind,
    Hätt ich, Lysander lüge, je gemeint.
    Doch aus Gefälligkeit und Lieb, ich bitte,
    Rückt weiter weg! so weit, wie nach der Sitte
    Der Menschen sich, getrennt von einem Mann,
    Ein tugendsames Mädchen betten kann.
    Der Raum sei zwischen uns. – Schlaf süß! Der Himmel gebe

Dass, bis dein Leben schließt, die Liebe lebe!
LYSANDER. Amen! so holder Bitte stimm ich bei:
  Mein Herz soll brechen, bricht es meine Treu.
  Mög alle Ruh des Schlafes bei dir wohnen!
HERMIA. Des Wunsches Hälfte soll den Wünscher lohnen!
      (Sie schlafen.)
      Droll tritt auf.
DROLL. Wie ich auch den Wald durchstrich,
      Kein Athener zeigte sich,
      Zum Versuch auf seinem Auge,
      Was dies Liebesblümchen tauge.
      Aber wer – o Still und Nacht!
      Liegt da in Athenertracht?
      Er ist's, den mein Herr gesehn
      Die Athenerin verschmähn.
      Hier schläft auch ruhig und gesund
      Das Mädchen auf dem feuchten Grund.
      Die Arme darf nicht liegen nah
      Dem Schlagetot der Liebe da.
      Allen Zauber dieses Taus,
      Flegel, gieß ich auf dich aus.
  (Indem er den Saft über seine Augen auspresst.)
      Wachst du auf, so scheuch den Schlummer
      Dir vom Aug der Liebe Kummer!
      Nun erwach! ich geh davon,
      Denn ich muss zum Oberon. *(Ab.)*
      Demetrius und Helena, beide laufend.
HELENA. Demetrius, geliebter Mörder, steh!
DEMETRIUS. O quäle mich nicht so! Fort, sag ich, geh!
HELENA. Ach, du verlässest mich im Dunkel hier?
DDEMETRIUS. Ich geh allein: du bleib, das rat ich dir.
      (Demetrius ab.)
HELENA. Die tolle Jagd, sie macht mir weh und bange!
  Je mehr ich fleh, je minder ich erlange.
  Wo Hermia ruhen mag, sie ist beglückt:
  Denn sie hat Augen, deren Strahl entzückt.
  Wie wurden sie so hell? Durch Tränen? nein!
  Sonst müssten meine ja noch heller sein.
  Nein, ich bin ungestalt wie wilde Bären,
  Dass Tiere sich voll Schrecken von mir kehren.
  Was Wunder also, dass Demetrius
  Gleich einem Ungeheu'r mich fliehen muss?
  Vor welchem Spiegel konnt' ich mich vergessen,

Mit Hermias Sternenaugen mich zu messen?
Doch, was ist dies? Lysander, der hier ruht?
Tot oder schlafend? Seh ich doch kein Blut.
Lysander, wenn Ihr lebt, so hört! erwachet!
LYSANDER (*im Erwachen*).
Durchs Feuer lauf ich, wenn's dir Freude machet!
Verklärte Helena, so zart gewebt,
Dass sichtbar sich dein Herz im Busen hebt!
Wo ist Demetrius? O der Verbrecher!
Sein Name sei vertilgt! Dies Schwert dein Rächer!
HELENA. Sprecht doch nicht so, Lysander, sprecht nicht so!
Liebt er schon Eure Braut: ei nun, seid froh!
Sie liebt Euch dennoch stets.
LYSANDER. O nein! wie reut
Mich die bei ihr verlebte träge Zeit!
Nicht Hermia, Helena ist jetzt mein Leben:
Wer will die Kräh nicht für die Taube geben?
Der Wille wird von der Vernunft regiert:
Mir sagt Vernunft, dass Euch der Preis gebührt.
Ein jedes Ding muss Zeit zum Reifen haben;
So reiften spät in mir des Geistes Gaben.
Erst jetzt, da ich am Ziel des Mannes bin,
Wird die Vernunft des Willens Führerin;
Und lässt mich nun der Liebe Tun und Wesen
In goldner Schrift in Euren Augen lesen.
HELENA. Weswegen ward ich so zum Hohn erwählt?
Verdient ich es um Euch, dass Ihr mich quält?
War's nicht genug, genug nicht, junger Mann,
Dass ich nicht einen Blick gewinnen kann,
Nicht einen holden Blick von dem Geliebten,
Wenn Eure Spötterei'n mich nicht betrübten?
Ihr tut, fürwahr, Ihr tut an mir nicht recht,
Dass ihr, um mich zu buhlen, Euch erfrecht.
Gehabt Euch wohl! Allein, ich muss gestehen,
Ich glaubt' in Euch mehr Edelmut zu sehen.
O dass, verschmäht von e i n e m Mann, ein Weib
Dem andern dienen muss zum Zeitvertreib! (*Ab.*)
LYSANDER. Sie siehet Hermia nicht. – So schlaf nur immer,
Und nahtest du Lysander doch dich nimmer!
Wie nach dem Übermaß von Näscherei'n
Der Ekel pflegt am heftigsten zu sein;
Wie die am meisten Ketzereien hassen,
Die, einst betört, sie wiederum verlassen:

Mein Übermaß! mein Wahn! so flieh ich dich;
Dich hasse jeder, doch am ärgsten ich. –
Nun strebt nach Helena, Mut, Kraft und Sinne!
Dass ich ihr Ritter werd und sie gewinne! *(Ab.)*

HERMIA *(fährt auf)*.
O hilf, Lysander, hilf mir! Siehst du nicht
Die Schlange, die den Busen mir umflicht?
Weh mir! Erbarmen! – Welch ein Traum, mein Lieber!
Noch schüttelt mich das Schrecken wie ein Fieber.
Mir schien es, eine Schlange fräß mein Herz,
Und lächelnd sähst du meinen Todesschmerz. –
Lysander! wie? Lysander! bist du fort?
Du hörest mich nicht? O Gott! kein Laut? kein Wort?
Wo bist du? Um der Liebe willen, sprich,
Wenn du mich hörst! Es bringt zur Ohnmacht mich. –
Noch nicht? Nun seh ich wohl, ich darf nicht weilen:
Dich muss ich oder meinen Tod ereilen. *(Ab.)*

DRITTER AKT

ERSTE SZENE

Der Wald

Die Elfenkönigin liegt noch schlafend.

Squenz, Zettel, Schnock, Flaut, Schnauz und Schlucker kommen.

ZETTEL. Sind wir alle beisammen?
SQUENZ. Aufs Haar; und hier ist ein prächtig bequemer Platz zu unsrer Probe. Dieser grüne Fleck soll unser Theater sein, diese Weißdornhecke unsre Kammer zum Anziehen, und wir wollen's in Aktion vorstellen, wie wir's vor dem Herzog vorstellen wollen.
ZETTEL. Peter Squenz. –
SQUENZ. Was sagst du, lieber Sappermentszettel?
ZETTEL. Es kommen Dinge vor in dieser Komödie von Pyramus und Thisbe, die nimmermehr gefallen werden. Erstens, Pyramus muss ein Schwert ziehen, um sich selbst umzubringen, und das können die Damen nicht vertragen. He! Wie wollt Ihr darauf antworten?
SCHNAUZ. Potz Kuckuck, ja! ein gefährlicher Punkt.
SCHLUCKER. Ich denke, wir müssen das Totmachen auslassen, bis alles vorüber ist!
ZETTEL. Nicht ein Tüttelchen: ich habe einen Einfall, der alles gutmacht. Schreibt mir einen Prolog, und lasst den Prolog verblümt zu verstehen geben, dass wir mit unsern Schwertern keinen Schaden tun wollen; und dass Pyramus nicht wirklich totgemacht wird; und zu mehr besserer Sicherheit sagt ihnen, dass ich, Pyramus, nicht Pyramus bin, sondern Zettel, ein Weber. Das wird ihnen schon die Furcht nehmen.
SQUENZ. Gut, wir wollen einen solchen Prologus haben.
SCHNAUZ. Werden die Damen nicht auch vor dem Löwen erschrecken?
SCHLUCKER. Ich fürcht es, dafür steh ich euch.
ZETTEL. Meisters, ihr solltet dies bei euch selbst überlegen. Einen Löwen – Gott behüt uns! – unter Damen zu bringen, ist eine gräuliche Geschichte; es gibt kein grausameres Wildbret, als so'n Löwe, wenn er lebendig ist; und wir sollten uns vorsehn.

SCHNAUZ. Derhalben muss ein andrer Prologus sagen, dass er kein Löwe ist.
ZETTEL. Ja, ihr müsst seinen Namen nennen, und sein Gesicht muss durch des Löwen Hals gesehen werden; und er selbst muss durchsprechen und sich so, oder ungefähr so, applizieren: Gnädige Frauen, oder schöne gnädige Frauen, ich wollte wünschen, oder ich wollte ersuchen, oder ich wollte gebeten haben, fürchten Sie nichts, zittern Sie nicht so; mein Leben für das Ihrige! Wenn Sie dächten, ich käme hierher als ein Löwe, so dauerte mich nur meine Haut. Nein, ich bin nichts dergleichen; ich bin ein Mensch wie andre auch: – und dann lasst ihn nur seinen Namen nennen und ihnen rundheraus sagen, dass er Schnock der Schreiner ist.
SQUENZ. Gut, so soll's auch sein. Aber da sind noch zwei harte Punkte: nämlich den Mondschein in die Kammer zu bringen; denn ihr wisst, Pyramus und Thisbe kommen bei Mondschein zusammen.
SCHNOCK. Scheint der Mond in der Nacht, wo wir unser Spiel spielen?
ZETTEL. Einen Kalender! Einen Kalender! Seht in den Almanach! Suchet Mondschein! Suchet Mondschein!
SQUENZ. Ja, er scheint die Nacht.
ZETTEL. Gut, so könnt ihr ja einen Flügel von dem großen Stubenfenster, wo wir spielen, offen lassen, und der Mond kann durch den Flügel hereinscheinen.
SQUENZ. Ja, oder es könnte auch einer mit einem Dornbusch und einer Laterne herauskommen und sagen, er komme, die Person des Mondscheins zu defigurieren oder zu präsentieren. Aber da ist noch ein Punkt: wir müssen in der großen Stube eine Wand haben; denn Pyramus und Thisbe, sagt die Historie, redeten durch die Spalte einer Wand miteinander.
SCHNOCK. Ihr bringt mein Leben keine Wand hinein. Was sagst du, Zettel?
ZETTEL. Einer oder der andre muss Wand vorstellen; und lasst ihn ein bisschen Kalk, oder ein bisschen Lehm, oder ein bisschen Mörtel an sich haben, um Wand zu bedeuten; und lasst ihn seine Finger so halten, und durch die Klinze sollen Pyramus und Thisbe wispern.
SQUENZ. Wenn das sein kann, so ist alles gut. Kommt, setzt euch, jeder Mutter Sohn, und probiert eure Parte. Pyramus, Ihr fangt an; wann Ihr Eure Rede ausgeredet habt, so tretet hinter den Zaun; und so jeder nach seinem Stichwort.
Droll erscheint im Hintergrunde.

DROLL. Welch hausgebacknes Volk macht sich hier breit,
so nah der Wiege unsrer Königin?
Wie? gibt's ein Schauspiel? Ich will Hörer sein,
Mitspieler auch vielleicht, nachdem sich's fügt.
SQUENZ. Sprecht, Pyramus; Thisbe, tretet vor.
PYRAMUS. „Thisbe, wie eine Blum von Giften duftet süß –"
SQUENZ. Düften! Düften!
PYRAMUS. „– – von Düften duftet süß,
So tut dein Atem auch, o Thisbe, meine Zier.
Doch horch, ich hör ein' Stimm; es ist mein Vater g'wiss,
Bleib eine Weile stehn, ich bin gleich wieder hier." (*Ab.*)
DROLL (*beiseite*). Ein seltnes Stück von einem Pyramus. (*Ab.*)
THISBE. Muss ich jetzt reden?
SQUENZ. Ja, zum Henker, freilich müsst Ihr; Ihr müsst wissen,
er geht nur weg, um ein Geräusch zu sehen, das er gehört hat,
und wird gleich wiederkommen.
THISBE. „Umstrahlter Pyramus, an Farbe lilienweiß,
Und rot wie eine Ros auf triumphier'ndem Strauch;
Du muntrer Juvenil, der Männer Zier und Preis,
Treu wie das treuste Ross, das nie ermüdet auch.
Ich will dich treffen an, glaub mir, bei Nickels Grab."
SQUENZ. Ninus' Grab, Kerl. Aber das müsst Ihr jetzt nicht sagen, das antwortet Ihr dem Pyramus. Ihr sagt Euren ganzen
Part auf einmal her, Stichwörter und den ganzen Plunder. – Pyramus, tretet auf; Euer Stichwort ist schon dagewesen; es ist:
ermüdet auch.
Zettel mit einem Eselskopf und Droll kommen zurück.
THISBE. Uf – „So treu, wie's treueste Pferd, das nie ermüdet
auch."
PYRAMUS. „Wenn, Thisbe, ich wär schön, so wär ich einzig
dein."
SQUENZ. O gräulich! erschrecklich! Es spukt hier. Ich bitt euch,
Meisters! Lauft, Meisters! Hülfe!
(*Sie laufen davon, außer Zettel.*)
DROLL. Nun jag ich euch und führ euch kreuz und quer,
Durch Dorn, durch Busch, durch Sumpf, durch Wald.
Bald bin ich Pferd, bald Eber, Hund und Bär,
Erschein als Werwolf und als Feuer bald.
Will grunzen, wiehern, bellen, brummen, flammen,
Wie Eber, Pferd, Hund, Bär und Feu'r zusammen. (*Ab.*)
ZETTEL. Warum laufen sie weg? Dies ist eine Schelmerei von Ihnen, um mich zu fürchten zu machen.
Schnauz kommt zurück.

SCHNAUZ. O Zettel! du bist verwandelt! Was seh ich an dir?
ZETTEL. Was du siehst? Du siehst deinen eignen Eselskopf. Nicht?

(Schnauz ab.)
Squenz kommt zurück.

SQUENZ. Gott behüte dich, Zettel! Gott behüte dich! du bist transferiert. *(Ab.)*
ZETTEL. Ich merke ihre Schelmerei: sie wollen einen Esel aus mir machen; mich zu fürchten machen, wenn sie können. Aber ich will hier nicht von der Stelle, lass sie machen, was sie wollen: ich will hier auf und ab spazieren und singen, damit sie sehen, dass ich mich nicht fürchte.

(Er singt.)
  Die Schwalbe, die den Sommer bringt,
  Der Spatz, der Zeisig fein,
  Die Lerche, die sich lustig schwingt
  Bis in den Himmel 'nein;

TITANIA *(erwachend)*. Weckt mich von meinem Blumenbett ein Engel?
ZETTEL *(singt)*.
  Der Kuckuck, der der Grasemück
  So gern ins Nestchen heckt,
  Und lacht darob mit arger Tück
  Und manchen Ehmann neckt.

Denn sein Rufen soll eine gar gefährliche Vorbedeutung sein, und wem jückt es nicht ein bisschen an der Stirne, wenn er sich Kuckuck grüssen hört?
TITANIA. Ich bitte dich, du holder Sterblicher,
  Sing noch einmal! Mein Ohr ist ganz verliebt
  In deine Melodie; auch ist mein Auge
  Betört von deiner lieblichen Gestalt;
  Gewaltig treibt mich deine schöne Tugend,
  Beim ersten Blick dir zu gestehn, zu schwören:
  Dass ich dich liebe.
ZETTEL. Mich dünkt, Madam, Sie könnten dazu nicht viel Ursache haben. Und doch, die Wahrheit zu sagen, halten Vernunft und Liebe heutzutage nicht viel Gemeinschaft. Schade, dass ehrliche Nachbarn sie nicht zu Freunden machen wollen! Gelt, ich kann auch spaßen, wenn's drauf ankommt.
TITANIA. Du bist so weise, wie du reizend bist.
ZETTEL. Das nun just auch nicht. Doch, wenn ich Witz genug hätte, um aus diesem Walde zu kommen, so hätte ich just so viel, als mir nötig täte.

TITANIA. Begehre nicht, aus diesem Hain zu fliehn:
Du musst hier, willig oder nicht, verziehn.
Ich bin ein Geist von nicht gemeinem Stande;
Ein ew'ger Sommer zieret meine Lande.
Und sieh, ich liebe dich! drum folge mir;
Ich gebe Elfen zur Bedienung dir;
Sie sollen Perlen aus dem Meer dir bringen
Und, wenn du leicht auf Blumen schlummerst, singen.
Ich will vom Erdenstoffe dich befrei'n,
Dass du so luftig sollst wie Geister sein.
Senfsamen! Bohnenblüte! Motte! Spinnweb!
Vier Elfen treten auf.
ERSTER ELFE. Hier!
ZWEITER ELFE. Und ich!
DRITTER ELFE. Und ich!
VIERTER ELFE. Und ich!
ALLE. Was sollen wir?
TITANIA. Gefällig seid und dienstbar diesem Herrn.
Hüpft, wo er geht, und gaukelt um ihn her;
Sucht Aprikos' ihm auf und Stachelbeer';
Maulbeeren gebt ihm, Feigen, Purpurtrauben.
Ihr müsst der Biene Honigsack ihm rauben;
Zur Kerze nehmt von ihr ein wächsern Bein,
Und steckt es an bei eines Glühwurms Schein,
Zu leuchten meinem Freund Bett aus und ein.
Mit bunter Schmetterlinge Flügelein
Wehrt fächelnd ihm vom Aug den Mondenschein.
Nun, Elfen, huldigt ihm und neigt euch fein!
ERSTER ELFE. Heil dir, Sterblicher!
ZWEITER ELFE. Heil!
DRITTER ELFE. Heil!
VIERTER ELFE. Heil!
ZETTEL. Ich flehe Euer Gnaden von ganzem Herzen um Verzeihung. Ich bitte um Euer Gnaden Namen.
SPINNWEB. Spinnweb.
ZETTEL. Ich wünsche näher mit Ihnen bekannt zu werden, guter Musje Spinnweb. Wenn ich mich in den Finger schneide, werde ich so frei sein, Sie zu gebrauchen. – Ihr Name, ehrsamer Herr?
BOHNENBLÜTE. Bohnenblüte.
ZETTEL. Ich bitte Sie, empfehlen Sie mich Madam Hülse, Ihrer Frau Mutter, und Herrn Bohnenschote, Ihrem Herrn Vater. Guter Herr Bohnenblüte, auch mit Ihnen hoffe ich näher be-

kannt zu werden. – Ihren Namen, mein Herr, wenn ich bitten darf?
SENFSAMEN. Senfsamen.
ZETTEL. Lieber Musje Senfsamen, ich kenne Ihre Geduld gar wohl. Jener niederträchtige und ungeschlagene Kerl, Rinderbraten, hat schon manchen wackern Herrn von Ihrem Hause verschlungen. Sei'n Sie versichert, Ihre Freundschaft hat mir schon oft die Augen übergehen machen. Ich wünsche nähere Bekanntschaft, lieber Musje Senfsamen.
TITANIA. Kommt, führt ihn hin zu meinem Heiligtume!
Mich dünkt, von Tränen blinke Lunas Glanz;
Und wenn sie weint, weint jede kleine Blume
Um einen wild zerrissnen Mädchenkranz.
Ein Zauber soll des Liebsten Zunge binden:
Wir wollen still den Weg zur Laube finden.
(Alle ab.)

ZWEITE SZENE

Ein anderer Teil des Waldes

Oberon tritt auf.

OBERON. Mich wundert's, ob Titania erwachte,
Und welch Geschöpf ihr gleich ins Auge fiel,
Worin sie sterblich sich verlieben muss.
Droll kommt.
Da kommt mein Bote ja. – Nun, toller Geist,
Was spuken hier im Wald für Abenteuer?
DROLL. Herr, meine Fürstin liebt ein Ungeheuer.
Sie lag im Schlaf versunken auf dem Moos,
In ihrer heil'gen Laube dunklem Schoß,
Als eine Schar von lump'gen Handwerksleuten,
Die mühsam kaum ihr täglich Brot erbeuten,
Zusammenkommt und hier ein Stück probiert,
So sie auf Theseus' Hochzeittag studiert.
Der ungesalzenste von den Gesellen,
Den Pyramus berufen vorzustellen,
Tritt von der Bühn und wartet im Gesträuch.
Ich nutze diesen Augenblick sogleich,
Mit einem Eselskopf ihn zu begaben.
Nicht lange drauf muss Thisbe Antwort haben.

Mein Affe tritt heraus: kaum sehen ihn
Die Freund', als sie wie wilde Gänse fliehn,
Wenn sie des Jägers leisen Tritt erlauschen;
Wie graue Krähen, deren Schwarm mit Rauschen
Und Krächzen auffliegt, wenn ein Schuss geschieht,
Und wild am Himmel da- und dorthin zieht.
Vor meinem Spuk rollt d e r sich auf der Erde,
D e r schreiet Mord! mit kläglicher Gebärde;
Das Schrecken, das sie sinnlos machte, lieh
Sinnlosen Dingen Waffen gegen sie.
An Dorn und Busch bleibt Hut und Ärmel stecken;
Sie flieh'n hindurch, berupft an allen Ecken.
In solcher Angst trieb ich sie weiter fort,
Nur Schätzchen Pyramus verharret dort.
Gleich musste nun Titania erwachen,
Und aus dem Langohr ihren Liebling machen.
OBERON. Das geht ja über mein Erwarten schön.
Doch hast du auch den Jüngling von Athen,
Wie ich dir auftrug, mit dem Saft bestrichen?
DROLL. O ja, ich habe schlafend ihn beschlichen.
Das Mädchen ruhte neben ihm ganz dicht:
Erwacht er, so entgeht sein Aug ihr nicht.
Demetrius und Hermia treten auf.
OBERON. Tritt her: da kommt ja der Athener an.
DROLL. Das Mädchen ist es, aber nicht der Mann.
DEMETRIUS. O könnt Ihr so, weil ich Euch liebe, schmälen?
Den Todfeind solltet Ihr so tödlich quälen!
HERMIA. Noch mehr verdient, was ich von dir erfuhr;
Denn fluchen sollt' ich dir, und schalt dich nur.
Erschlugst du mir Lysandern, weil er ruhte,
So bad, einmal befleckt, dich ganz im Blute
Und töt auch mich!
Die Sonne liebt den Tag nicht treuer, steter,
Als wie er mich: nun wär er als Verräter
Entflohn, indes ich schlief? Nein, nimmermehr!
Eh wollt ich glauben, dass es möglich wär,
Ganz zu durchbohren dieser Erde Boden
Und durch die Öffnung zu den Antipoden
Zu senden des verwegnen Mondes Gruß,
Der hellen Mittagssonne zum Verdruss.
Es kann nicht anders sein, du mordetest ihn mir:
So sieht ein Mörder aus; so grass, so stier.
DEMETRIUS. So siehet ein Erschlagner aus; so ich:

Denn Eure Grausamkeit durchbohrte mich;
Doch Ihr, die Mörd'rin, glänzet wie Cythere
Am Himmel dort in ihrer lichten Sphäre.
HERMIA. Was soll mir dies? Wo ist Lysander? sprich! –
Gib ihn mir wieder, Freund, ich bitte dich.
DEMETRIUS. Den Hunden gäb ich lieber seine Leiche.
HERMIA. Hinweg, du Hund! du treibst durch deine Streiche
Mich armes Weib zur Wut. Hast du ihn umgebracht?
Nie werde mehr für einen Mann geacht't!
Sprich einmal wahr, sprich mir zuliebe wahr!
Hätt'st du, wenn er gewacht, ihm wohl ein Haar
Gekrümmt? und hast ihn, weil er schlief, erschlagen?
O Kühnheit! eine Natter konnt' es wagen.
Ja, eine Natter tat's; die ärgste sticht
Zweizüngiger als du, o Schlange, nicht.
DEMETRIUS. An einen Wahn verschwendst du deine Wut:
Ich bin nicht schuldig an Lysanders Blut;
Auch mag er wohl, soviel ich weiß, noch leben.
HERMIA.
Und geht's ihm wohl? Kannst du mir Nachricht geben?
DEMETRIUS. Und könnt ich nun, was würde mir dafür?
HERMIA. Mich nie zu sehn, dies Vorrecht schenk ich dir.
Und so verlass ich deine schnöde Nähe:
Tot sei er oder nicht, wenn ich nur dich nicht sehe. (*Ab.*)
DEMETRIUS. Ihr folgen ist vergebliches Bemühn
In diesem Sturm; so will ich hier verziehn.
Noch höher wird des Grames Not gesteigert,
Seit sich sein Schuldner Schlaf zu zahlen weigert.
Vielleicht empfang ich einen Teil der Schuld,
Erwart ich hier den Abtrag in Geduld.
(Er legt sich nieder.)
OBERON. Was tatest du? du hast dich ganz betrogen.
Ein treues Auge hat den Liebessaft gesogen;
Dein Fehlgriff hat den treuen Bund gestört,
Und nicht den Unbestand zur Treu bekehrt.
DROLL. So siegt das Schicksal denn, dass gegen einen Treuen
Millionen falsch auf Schwüre Schwür' entweihen.
OBERON. Streif durch den Wald behänder als der Wind
Und suche Helena, das schöne Kind.
Sie ist ganz liebeskrank und blass von Wangen,
Von Seufzern, die ihr sehr ans Leben drangen.
Geh, locke sie durch Täuschung her zu mir;
Derweil sie kommt, bezaubr' ich diesen hier.

DROLL. Ich eil, ich eil, sieh wie ich eil:
  So fliegt vom Bogen des Tataren Pfeil. *(Ab.)*
OBERON. Blume mit dem Purpurschein,
  Die Cupidos Pfeile weihn,
  Senk dich in sein Aug hinein.
  Wenn er sieht sein Liebchen fein,
  Dass sie glorreich ihm erschein,
  Wie Cyther' im Sternenreihn. –
  Wachst du auf, wenn sie dabei;
  Bitte, dass sie hilfreich sei.
    Droll kommt zurück.
DROLL. Hauptmann unsrer Elfenschar,
  Hier stellt Helena sich dar.
  Der von mir gesalbte Mann
  Fleht um Liebeslohn sie an.
  Wollen wir ihr Wesen sehn?
  O die tollen Sterblichen!
OBERON. Tritt beiseit! Erwachen muss
  Von dem Lärm Demetrius.
DROLL. Wenn dann zwei um eine frein:
  Das wird erst ein Hauptspaß sein.
  Gehn die Sachen kraus und bunt,
  Freu ich mich von Herzensgrund.
    Lysander und Helena treten auf.
LYSANDER. Pflegt Spott und Hohn in Tränen sich zu kleiden?
  Wie glaubst du denn, ich huld'ge dir zum Hohn?
  Sieh, wenn ich schwöre, wein ich: solchen Eiden
  Dient zur Beglaubigung ihr Ursprung schon.
  Kannst du des Spottes Reden wohl verklagen,
  Die an der Stirn des Ernstes Siegel tragen?
HELENA. Stets mehr und mehr wird deine Schalkheit kund.
  Wie teuflisch fromm, mit Schwur den Schwur erlegen!
  Beschwurst du nicht mit Hermia so den Bund?
  Wäg Eid an Eid, so wirst du gar nichts wägen.
  Die Eid' an sie und mich, wie Märchen leicht,
  Leg in zwei Schalen sie, und keine steigt.
LYSANDER.
  Verblendung war's, mein Herz ihr zu versprechen.
HELENA.
  Verblendung nenn ich's, jetzt den Schwur zu brechen.
LYSANDER. Demetrius liebt s i e, dich liebt er nicht.
DEMETRIUS *(erwachend).*
  O Huldin! Schönste! Göttin meiner Wahl!

Womit vergleich ich deiner Augen Strahl?
Kristall ist trübe. O wie reifend schwellen
Die Lippen dir, zwei küssende Morellen!
Und jenes dichte Weiß, des Taurus Schnee,
Vom Ostwind rein gefächelt, wird zur Kräh, 1150
Wenn du die Hand erhebst. Lass mich dies Siegel
Der Wonne küssen, aller Reinheit Spiegel.
HELENA. O Schmach! o Höll! ich seh, ihr alle seid
Zu eurer Lust zu plagen mich bereit.
Wär Sitt und Edelmut in euch Verwegnen, 1155
Ihr würdet mir so schmählich nicht begegnen.
Könnt ihr mich denn nicht hassen, wie ihr tut,
Wenn ihr mich nicht verhöhnt in frechem Mut?
Wärt ihr in Wahrheit Männer, wie im Schein,
So flößt ein armes Weib euch Mitleid ein. 1160
Ihr würdet nicht mit Lob und Schwüren scherzen,
Da ich doch weiß, ihr hasset mich von Herzen.
Als Nebenbuhler liebt ihr Hermia;
Wetteifernd nun verhöhnt ihr Helena.
Ein tapfres Stück, ein männlich Unternehmen, 1165
Durch Spott ein armes Mädchen zu beschämen,
Ihr Tränen abzulocken! Quält ein Weib
Ein edler Mann wohl bloß zum Zeitvertreib?
LYSANDER. Demetrius, du bist nicht bieder: sei's!
Du liebst ja Hermia; weißt, dass ich es weiß. 1170
Hier sei von Herzensgrund, in Güt und Frieden,
An Hermias Huld mein Anteil dir beschieden.
Tritt deinen nun an Helena mir ab:
Ich lieb und will sie lieben bis ins Grab.
HELENA. Ihr losen Schwätzer, wie es keine gab! 1175
DEMETRIUS. Nein, Hermia mag ich nicht: behalt sie, Lieber!
Liebt' ich sie je, die Lieb ist längst vorüber.
Mein Herz war dort nur wie in fremdem Land;
Nun hat's zu Helena sich heimgewandt,
Um da zu bleiben. 1180
LYSANDER. Glaubt's nicht, Helena.
DEMETRIUS. Tritt nicht der Treu, die du nicht kennst, zu nah;
Du möchtest sonst vielleicht es teuer büßen.
Da kommt dein Liebchen; geh, sie zu begrüßen.
Hermia tritt auf.
HERMIA. Die Nacht, die uns der Augen Dienst entzieht,
Macht, dass dem Ohr kein leiser Laut entflieht. 1185
Was dem Gesicht an Schärfe wird benommen,

Muss doppelt dem Gehör zugute kommen.
Mein Aug war's nicht, das dich, Lysander, fand;
Mein Ohr, ich dank ihm, hat die Stimm erkannt.
Doch warum musstest du so von mir eilen?
LYSANDER. Den Liebe fortriss, warum sollt' er weilen?
HERMIA. Und welche Liebe war's, die fort von mir dich trieb?
LYSANDER. Lysanders Liebe litt nicht, dass er blieb;
Die schöne Helena, die so die Nacht durchfunkelt,
Dass sie die lichten O's, die Augen dort, verdunkelt.
Was suchst du mich? Tat dies dir noch nicht kund,
Mein Hass zu dir sei meines Fliehens Grund?
HERMIA. Ihr sprecht nicht, wie Ihr denkt. Es kann nicht sein.
HELENA. Ha! sie stimmt auch in die Verschwörung ein.
Nun merk ich's, alle drei verbanden sich
Zu dieser falschen Posse gegen mich.
Feindsel'ge Hermia! undankbares Mädchen!
Verstandest du, verschworst mit diesen dich,
Um mich zu necken mit so schnödem Spott?
Sind alle Heimlichkeiten, die wir teilten,
Der Schwestertreu Gelübde, jene Stunden,
Wo wir den raschen Tritt der Zeit verwünscht,
Weil sie uns schied: o alles nun vergessen?
Die Schulgenossenschaft, die Kinderunschuld?
Wie kunstbegabte Götter schufen wir
Mit unsern Nadeln eine Blume beide;
Nach einem Muster und auf einem Sitz,
Ein Liedchen wirbelnd, beid in einem Ton,
Als wären unsre Hände, Stimmen, Herzen
Einander einverleibt. So wuchsen wir
Zusammen, einer Doppelkirsche gleich,
Zum Schein getrennt, doch in der Trennung eins;
Zwei holde Beeren, einem Stiel entwachsen,
Dem Scheine nach zwei Körper, doch ein Herz;
Zwei Schildern eines Wappens glichen wir,
Die friedlich stehn, gekrönt von einem Helm.
Und nun zerreißt Ihr so die alte Liebe?
Gesellt im Hohne Eurer armen Freundin
Zu Männern Euch? Das ist nicht freundschaftlich,
Das ist nicht jungfräulich; und mein Geschlecht,
Sowohl wie ich, darf Euch darüber schelten,
Obschon die Kränkung mich allein betrifft.
HERMIA. Ich hör erstaunt die ungestümen Reden;
Ich höhn Euch nicht: es scheint, Ihr höhnet mich.

HELENA. Habt Ihr Lysander nicht bestellt, zum Hohn 1230
 Mir nachzugehn, zu preisen mein Gesicht?
 Und Euren andern Buhlen, den Demetrius,
 Der eben jetzt mich noch mit Füßen stieß,
 Mich Göttin, Nymphe, wunderschön zu nennen,
 Und köstlich, himmlisch? Warum sagt er das 1235
 Der, die er hasst? Und warum schwört Lysander
 Die Liebe ab, die ganz die Seel ihm füllt,
 Und bietet mir (man denke nur!) sein Herz,
 Als weil Ihr ihn gereizt, weil Ihr's gewollt?
 Bin ich schon nicht so in der Gunst wie Ihr, 1240
 Mit Liebe so umkettet, so beglückt,
 Ja, elend g'nug, um ungeliebt zu lieben:
 Ihr solltet mich bedauern, nicht verachten.
HERMIA. Ich kann mir nicht erklären, was Ihr meint.
HELENA. Schon recht! Beharret nur! Heuchelt ernste Blicke 1245
 Und zieht Gesichter hinterm Rücken mir!
 Blinzt euch nur zu! Verfolgt den feinen Scherz!
 Wohl ausgeführt, wird er euch nachgerühmt.
 Wär Mitleid, Huld und Sitte noch in euch,
 Ihr machtet so mich nicht zu eurem Ziel. 1250
 Doch lebet wohl! Zum Teil ist's meine Schuld:
 Bald wird Entfernung oder Tod sie büßen.
LYSANDER. Bleib, holde Helena, und hör mich an!
 Mein Herz! mein Leben! meine Helena!
HELENA. O herrlich! 1255
HERMIA.   Lieber, höhne sie nicht so!
DEMETRIUS. Und gilt ihr Bitten nichts, so kann ich zwingen.
LYSANDER. Nichts mehr erzwingen, als was sie erbittet:
 Dein Drohn ist kraftlos wie ihr schwaches Flehn.
 Dich lieb ich, Helena! Bei meinem Leben,
 Ich liebe dich und will dies Leben wagen, 1260
 Der Lüge den zu zeihn, der widerspricht.
DEMETRIUS. Ich sag, ich liebe dich weit mehr als er.
LYSANDER. Ha! sagst du das, so komm, beweis es auch.
DEMETRIUS. Auf, komm!
HERMIA.   Lysander, wohin zielt dies alles?
LYSANDER. Fort, Mohrenmädchen! 1265
DEMETRIUS.   Nein, o nein! er tut,
 Als bräch er los; er tobt, als wollt er folgen,
 Kommt aber nicht. O geht mir, zahmer Mensch!
LYSANDER. Fort, Katze, Klette! Missgeschöpf, lass los!
 Sonst schleudr' ich dich wie eine Natter weg.

HERMIA. Wie wurdet Ihr so wild? wie so verwandelt,
Mein süßes Herz?
LYSANDER. Dein Herz? Fort, fort! hinweg!
Zigeunerin! fort, widerwärt'ger Trank!
HERMIA. Ihr scherzet nicht?
HELENA. Ja wahrlich, und Ihr auch!
LYSANDER. Demetrius, ich halte dir mein Wort.
DEMETRIUS. Ich hätt es schriftlich gern von deiner Hand;
Dich hält 'ne schwache Hand, ich trau dir nicht.
LYSANDER. Wie? sollt' ich sie verwunden, schlagen, töten?
Hass ich sie schon, ich will kein Leid ihr tun.
HERMIA. Wie könnt Ihr mehr mir Leid tun, als mich hassen?
Warum mich hassen? was geschah, Geliebter?
Bin ich nicht Hermia? Seid Ihr nicht Lysander?
Ich bin so schön noch, wie ich eben war.
Ihr liebtet über Nacht mich; doch verließt Ihr
Mich über Nacht. Und muss ich also sagen,
(Verhüten es die Götter!) Ihr verließt
Im Ernste mich?
LYSANDER. Im Ernst, so wahr ich lebe!
Und nie begehrt' ich wieder dich zu sehn.
Drum gib nur Hoffnung, Frage, Zweifel auf;
Sei sicher, nichts ist wahrer, 's ist kein Scherz:
Ich hasse dich und liebe Helena.
HERMIA. Weh mir! – Du Gauklerin! du Blütenwurm!
Du Liebesdiebin! Was? du kamst bei Nacht,
Stahlst meines Liebsten Herz?
HELENA. Schön, meiner Treu!
Hast du denn keine Scheu, noch Mädchensitte,
Nicht eine Spur vom Scham? Und zwingst du so
Zu harten Reden meine sanften Lippen?
Du Marionette, pfui! du Puppe, du!
HERMIA. Wie? Puppe? Ha, nun wird ihr Spiel mir klar.
Sie hat ihn unsern Wuchs vergleichen lassen,
Ich merke schon! auf ihre Höh getrotzt.
Mit ihrer Figur, mit ihrer langen Figur
Hat sie sich seiner, seht mir doch! bemeistert.
Und stehst du nun so groß bei ihm in Gunst,
Weil ich so klein, weil ich so zwerghaft bin?
Wie klein bin ich, du bunte Bohnenstange?
Wie klein bin ich? Nicht gar so klein, dass nicht
Dir meine Nägel an die Augen reichten.
HELENA. Ihr Herrn, ich bitt euch, wenn ihr schon mich höhnt,

Beschirmt mich doch vor ihr: Nie war ich böse,
Bin keineswegs geschickt zur Zänkerin;
Ich bin so feig wie irgend nur ein Mädchen.
Verwehrt ihr, mich zu schlagen; denket nicht,
Weil sie ein wenig kleiner ist als ich,
Ich nähm es mit ihr auf.
HERMIA.   Schon wieder kleiner?
HELENA. Seid, gute Hermia, nicht so bös auf mich.
Ich liebt' Euch immer, hab Euch nie gekränkt;
Und stets bewahrt, was Ihr mir anvertraut;
Nur dass ich, dem Demetrius zuliebe,
Ihm Eure Flucht in diesen Wald verriet.
Er folgte Euch; aus Liebe folgt' ich i h m.
Er aber schalt mich weg und drohte, mich
Zu schlagen, stoßen, ja zu töten gar;
Und nun, wo Ihr mich ruhig gehen lasst,
So trag ich meine Torheit heim zur Stadt
Und folg Euch ferner nicht. O lasst mich gehn!
Ihr seht, wie kindisch und wie blöd ich bin.
HERMIA. Gut! zieht nur hin! Wer hindert Euch daran?
HELENA. Ein töricht Herz, das ich zurück hier lasse.
HERMIA. Wie? Bei Lysander?
HELENA.   Bei Demetrius.
LYSANDER. Sei ruhig, Helena! sie soll kein Leid dir tun.
DEMETRIUS. Sie soll nicht, Herr, wenn Ihr sie schon beschützt.
HELENA. Oh, sie hat arge Tück in ihrem Zorn.
Sie war 'ne böse Sieben in der Schule,
Und ist entsetzlich wild, obschon so klein.
HERMIA. Schon wieder klein, und anders nichts wie klein?
Wie duldet Ihr's, dass sie mich so verspottet?
Weg! lasst mich zu ihr!
LYSANDER.   Packe dich, du Zwergin!
Du Ecker du, du Paternosterkralle!
DEMETRIUS. Ihr seid zu dienstgeschäftig, guter Freund,
Zugunsten der, die Euren Dienst verschmäht.
Lass mir sie gehn! Sprich nicht von Helena!
Nimm nicht Partei für sie! Vermissest du
Dich im Geringsten, Lieb ihr zu bezeugen,
So sollst du's büßen.
LYSANDER.   Jetzo bin ich frei:
Nun komm, wofern du's wagst; lass sehn, wes Recht
An Helena, ob deins, ob meines gilt.
DEMETRIUS. Dir folgen? Nein, ich halte Schritt mit dir.

(Lysander und Demetrius ab.)
HERMIA. Nun, Fräulein! Ihr seid schuld an all dem Lärm.
Ei, bleibt doch stehn!
HELENA. Nein, nein! ich will nicht traun;
Noch länger Eu'r verhasstes Antlitz schaun.
Sind Eure Hände hurtiger zum Raufen,
So hab ich längre Beine doch zum Laufen. *(Ab.)*
HERMIA. Ich staun und weiß nicht, was ich sagen soll.
(Sie läuft der Helena nach.)
OBERON. Das ist dein Unbedacht! Stets irrst du dich,
Wenn's nicht geflissne Schelmenstreiche sind.
DROLL. Ich irrte diesmal, glaubt mir, Fürst der Schatten.
Gabt Ihr denn nicht von dem bestimmten Mann
Mir die Athenertracht als Merkmal an?
Und so weit bin ich ohne Schuld, dass jener
Den ich gesalbt, doch wirklich ein Athener;
Und so weit bin ich froh, dass so sich's fügt,
Weil diese Balgerei mich sehr vergnügt.
OBERON. Du siehst zum Kampf bereit die hitz'gen Freier:
Drum eile, Droll; wirf einen nächt'gen Schleier,
Bedecke die gestirnte Feste schnell
Mit Nebeln, düster wie Kocytus' Quell,
Und locke sie auf falsche Weg' und Stege,
Damit sie nicht sich kommen ins Gehege.
Bald borg die Stimme vom Demetrius
Und reize keck Lysandern zum Verdruss;
Bald schimpf und höhne wieder wie Lysander
Und bringe so sie wieder auseinander,
Bis ihre Stirnen Schlaf, der sich dem Tod vergleicht,
Mit dichter Schwing und bleirnem Tritt beschleicht.
Zerdrück dies Kraut dann auf Lysanders Augen.
Die Zauberkräfte seines Saftes taugen,
Von allem Wahn sie wieder zu befrein
Und den gewohnten Blick ihm zu verleihn.
Wenn sie erwachen, ist, was sie betrogen,
Wie Träum' und eitle Nachtgebild' entflogen.
Dann kehren wieder nach Athen zurück
Die Liebenden, vereint zu stetem Glück.
Derweil dies alles deine Sorgen sind,
Bitt ich Titanien um ihr indisch Kind;
Ich bann ihr vom betörten Augenlide
Des Unholds Bild, und alles werde Friede.
DROLL. Mein Elfenfürst, wir müssen eilig machen.

Die Nacht teilt das Gewölk mit schnellen Drachen;
Auch schimmert schon Auroras Herold dort,
Und seine Näh scheucht irre Geister fort   1390
Zum Totenacker; banger Seelen Heere,
Am Scheideweg begraben und im Meere,
Man sieht ins wurmbenagte Bett sie gehn.
Aus Angst, der Tag möcht ihre Schande sehn,
Verbannt vom Lichte sie ihr eigner Wille,   1395
Und ihnen dient die Nacht zur ew'gen Hülle.

OBERON. Doch wir sind Geister anderer Region.
Oft jagt' ich mit Aurorens Liebling schon,
Darf, wie ein Weidmann, noch den Wald betreten,
Wenn flammend sich des Ostens Pforten röten   1400
Und, aufgetan, der Meeresfluten Grün
Mit schönem Strahle golden überglühn.
Doch zaudre nicht! Sei schnell vor allen Dingen!
Wir können dies vor Tage noch vollbringen.
(Oberon ab.)

DROLL. Hin und her, hin und her,   1405
alle führ ich hin und her.
Land und Städte scheu'n mich sehr.
Kobold, führ sie hin und her!
Hier kommt der eine.
Lysander tritt auf.

LYSANDER. Demetrius? Wo bist du, Stolzer, du?

DROLL. Hier, Schurk, mit bloßem Degen; mach nur zu!   1410

LYSANDER. Ich komme schon.

DROLL.   So lass uns miteinander
Auf ebnen Boden gehn.
(Lysander ab, als ginge er der Stimme nach.)
Demetrius tritt auf.

DEMETRIUS.   Antworte doch, Lysander!
Ausreißer! Memme! liefst du so mir fort?
In welchem Busche steckst du? sprich ein Wort!

DROLL. Du Memme, forderst hier heraus die Sterne,   1415
Erzählst dem Busch, du föchtest gar zu gerne,
Und kommst doch nicht? Komm, Bübchen, komm doch her!
Ich geb die Rute dir. Beschimpft ist der,
Der gegen dich nur zieht.

DEMETRIUS.   He, bist du dort?

DROLL. Folg meinem Ruf: zum Kampf ist dies kein Ort.   1420
(Droll und Demetrius ab.)
Lysander kommt zurück.

LYSANDER. Stets zieht er vor mir her mit lautem Drohen:
Komm ich, wohin er ruft, ist er entflohen.
Behänder ist der Schurk im Lauf als ich;
Ich folgt' ihm schnell, doch schneller mied er mich,
Sodass ich fiel auf dunkler rauer Bahn
Und hier nun ruhn will.
(Legt sich nieder.)
Holder Tag, brich an!
Sobald mir nur dein graues Licht erscheint,
Räch ich den Hohn und strafe meinen Feind. *(Schläft.)*
Droll und Demetrius kommen zurück.
DROLL. Ho, ho! du Memme, warum kommst du nicht?
DEMETRIUS. Steh, wenn du's wagst und sieh mir ins Gesicht.
Ich merke wohl, von einem Platz zum andern
Entgehst du mir und lässt umher mich wandern.
Wo bist du nun?
DROLL. Hierher komm! ich bin hier.
DEMETRIUS. Du neckst mich nur, doch zahlst du's teuer mir,
Wenn je der Tag dich mir vors Auge bringt.
Jetzt zieh nur hin, weil Müdigkeit mich zwingt,
Mich hinzustrecken auf dies kalte Kissen.
Frühmorgens werd ich dich zu finden wissen.
(Legt sich nieder und schläft.)
Helena tritt auf.
HELENA. O träge, lange Nacht, verkürze dich!
Und Tageslicht, lass mich nicht länger schmachten!
Zur Heimat führe weg von diesen mich,
Die meine arme Gegenwart verachten.
Du, Schlaf, der oft dem Grame Lindrung leiht,
Entziehe mich mir selbst auf kurze Zeit.
(Schläft ein.)
DROLL. Dreie nur? – Fehlt eins noch hier:
Zwei von jeder Art macht vier.
Seht, sie kommt ja, wie sie soll;
Auf der Stirn Verdruss und Groll.
Amor steckt von Schalkheit voll,
Macht die armen Weiblein toll.
Hermia tritt auf.
HERMIA. Wie matt! wie krank! Zerzaust von Dornensträuchern,
Vom Tau beschmutzt und tausendfach in Not;
Ich kann nicht weitergehn, nicht weiterschleichen,
Mein Fuß vernimmt nicht der Begier Gebot.
Hier will ich ruhn; und soll's ein Treffen geben,

O Himmel, schütze mir Lysanders Leben!
(Schläft ein.)
DROLL. Auf dem Grund
Schlaf gesund!
Gießen will
Ich dir still
Auf die Augen Arzenei.
(Träufelt den Saft auf Lysanders Augen.)
Wirst du wach,
O so lach
Freundlich der,
Die vorher
Du geliebt, und bleib ihr treu.
Dann geht es, wie das Sprüchlein rühmt:
Gebt jedem das, was ihm geziemt.
Hans nimmt sein Gretchen,
Jeder sein Mädchen;
Find't seinen Deckel jeder Topf,
Und allen geht's nach ihrem Kopf. *(Ab.)*

VIERTER AKT

ERSTE SZENE

Der Wald

Lysander, Demetrius, Helena und Hermia liegen schlafend da. Titania und Zettel, Bohnenblüte, Spinnweb, Motte, Senfsamen mit einem Gefolge von Elfen.

Oberon im Hintergrunde, ungesehen.

TITANIA. Komm, lass uns hier auf Blumenbetten kosen!
Beut, Holder, mir die zarte Wange dar:
Den glatten Kopf besteck ich dir mit Rosen
Und küsse dir dein schönes Ohrenpaar.
ZETTEL. Wo ist Bohnenblüte?
BOHNENBLÜTE. Hier.
ZETTEL. Kratz mir den Kopf, Bohnenblüte. – Wo ist Musje Spinnweb?
SPINNWEB. Hier.
ZETTEL. Musje Spinnweb, lieber Musje, kriegen Sie ihre Waffen zur Hand, und schlagen Sie mir eine rotbeinige Biene auf einem Distelkopfe tot, und, lieber Musje, bringen Sie mir den Honigbeutel. Tummeln Sie sich nicht allzu sehr bei dieser Verrichtung, Musje; und, lieber Musje, haben Sie Acht, dass der Honigbeutel nicht entzweigeht; es würde mir Leid tun, Signor, wenn Sie sich mit einem Honigbeutel beschütteten. Wo ist Musje Senfsamen?
SENFSAMEN. Hier.
ZETTEL. Geben Sie mir die Pfote, Musje Senfsamen; ich bitte Sie, lassen Sie die Reverenzen, lieber Musje.
SENFSAMEN. Was befehlen Sie?
ZETTEL. Nichts, lieber Musje, als dass Sie dem Kavalier Bohnenblüte kratzen helfen. Ich muss zum Balbier, Musje; denn mir ist, als wär ich gewaltig haarig ums Gesicht herum, und ich bin so ein zärtlicher Esel, wenn mein Haar mich nur ein bisschen kitzelt, gleich muss ich kratzen.
TITANIA. Willst du Musik vernehmen, süßer Freund?
ZETTEL. Ich hab ein räsonabel gutes Ohr für Musik; spielt mir ein Stück auf der Maultrommel.
TITANIA. Sag, süßer Freund, was hast du Lust zu essen?
ZETTEL. Ja, meiner Seel! Eine Krippe voll Futter. Ich könnte

auch guten trocknen Hafer käuen. Mir ist, als hätte ich großen
Appetit nach einem Bunde Heu; gutes Heu, süßes Heu hat seinesgleichen auf der Welt nicht.
TITANIA. Ich hab 'nen dreisten Elfen, der nach Nüssen
Im Magazin des Eichhorns suchen soll.
ZETTEL. Ich hätte lieber ein oder zwei Hand voll trockner Erbsen. Aber ich bitt Euch, lasst keinen von Euren Leuten mich
stören. Es kommt mir eine Exposition zum Schlaf an.
TITANIA. Schlaf du! Dich soll indes mein Arm umwinden.
Ihr Elfen, weg! Nach allen Seiten fort! –
So lind umflicht mit süßen Blütenranken
Das Geißblatt; so umringelt, weiblich zart,
Das Epheu seines Ulmbaums raue Finger. –
Wie ich dich liebe! wie ich dich vergöttre!
(Sie schlafen ein.)
Oberon tritt vor. Droll kommt.
OBERON.
Willkommen, Droll! Siehst du dies süße Schauspiel?
Jetzt fängt mich doch ihr Wahnsinn an zu dauern.
Denn da ich eben im Gebüsch sie traf,
Wie sie für diesen Tropf nach Düften suchte,
Da schalt ich sie und ließ sie zornig an.
Sie hatt' ihm die behaarte Schläf umwunden
Mit einem frischen würz'gen Blumenkranz.
Derselbe Tau, der sonst wie runde Perlen
Des Morgenlandes an den Knospen schwoll,
Stand in der zarten Blümchen Augen jetzt,
Wie Tränen, trauernd über eigne Schmach.
Als ich sie nach Gefallen ausgeschmält
Und sie voll Demut um Geduld mich bat,
Da fordert' ich von ihr das Wechselkind.
Sie gab's mir gleich und sandte ihren Elfen
Zu meiner Laub im Feenland mit ihm.
Nun, da der Knabe mein ist, sei ihr Auge
Von dieser hässlichen Verblendung frei.
Du, lieber Droll, nimm diese fremde Larve
Vom Kopfe des Gesellen aus Athen;
Auf dass er, mit den andern hier, erwachend,
Sich wieder heimbegebe nach Athen:
Und alle der Geschichten dieser Nacht
Nur wie der Launen eines Traums gedenken.
Doch lös ich erst die Elfenkönigin.
(Er berührt ihre Augen mit einem Kraut.)

Sei, als wäre nichts geschehn!
Sieh, wie du zuvor gesehn!
So besiegt zu hohem Ruhme
Cynthias Knospe Amors Blume.
Nun, holde Königin! wach auf, Titania!
TITANIA. Mein Oberon, was für Gesicht' ich sah!
Mir schien, ein Esel hielt mein Herz gefangen.
OBERON. Da liegt dein Freund.
TITANIA. Wie ist dies zugegangen?
O wie mir nun vor dieser Larve graut!
OBERON.
Ein Weilchen still! – Droll, nimm den Kopf da weg.
Titania, du lass Musik beginnen,
Und binde stärker aller Fünfe Sinnen
Als durch gemeinen Schlaf.
TITANIA. Musik her! Schlafbeschwörende Musik!
DROLL. Wenn du erwachst, so sollst du, umgeschaffen,
Aus deinen eignen, dummen Augen gaffen.
OBERON. Ertön, Musik!
(Sanfte Musik.)
Nun komm, Gemahlin! Hand in Hand gefügt,
Und dieser Schläfer Ruheplatz gewiegt!
Die Freundschaft zwischen uns ist nun erneut:
Wir tanzen morgen Mitternacht erfreut
In Theseus' Hause bei der Festlichkeit
Und segnen es mit aller Herrlichkeit.
Auch werden da vermählt zu gleicher Zeit
Die Paare hier in Wonn und Fröhlichkeit.
DROLL. Elfenkönig, horch! da klang
Schon der Lerche Morgensang.
OBERON. Hüpfen wir denn, Königin,
Schweigend nach dem Schatten hin!
Schneller als die Monde kreisen,
Können wir die Erd umreisen.
TITANIA. Komm, Gemahl, und sage du
Mir im Fliehn, wie ging es zu,
Dass man diese Nacht im Schlaf
Bei den Sterblichen mich traf?
(Alle ab.
Waldhörner hinter der Szene.)
Theseus, Hippolyta, Egeus und Gefolge treten auf.
THESEUS. Geh einer hin und finde mir den Förster –
Denn unsre Maienandacht ist vollbracht,

Und da sich schon des Tages Vortrab zeigt, 1580
So soll Hippolyta die Jagdmusik
Der Hunde hören. – Koppelt sie im Tal
Gen Westen los; eilt, sucht den Förster auf.
Komm, schöne Fürstin, auf des Berges Höh,
Dort lass uns in melodischer Verwirrung 1585
Das Bellen hören, samt dem Widerhall.
HIPPOLYTA. Ich war beim Herkules und Kadmus einst,
Die mit spartan'schen Hunden einen Bär
In Kretas Wäldern hetzten; nie vernahm ich
So tapfres Toben. Nicht die Haine nur, 1590
Das Firmament, die Quellen, die Reviere,
Sie schienen all ein Ruf und Gegenruf.
Nie hört' ich so harmon'schen Zwist der Töne,
So hellen Donner.
THESEUS. Auch meine Hunde sind aus Spartas Zucht, 1595
Weitmäulig, scheckig, und ihr Kopf behangen
Mit Ohren, die den Tau vom Grase streifen;
Krummbeinig, wammig, wie Thessaliens Stiere;
Nicht schnell zur Jagd, doch ihrer Kehlen Ton
Folgt aufeinander wie ein Glockenspiel. 1600
Harmonischer scholl niemals ein Gebell
Zum Hussa und zum frohen Hörnerschall
In Kreta, Sparta, noch Thessalien.
Entscheidet selbst. – Doch still! wer sind hier diese?
EGEUS. Hier schlummert meine Tochter, gnäd'ger Herr; 1605
Dies ist Lysander, dies Demetrius,
Dies Helena, des alten Nedars Kind.
Ich bin erstaunt, beisammen sie zu treffen.
THESEUS. Sie machten ohne Zweifel früh sich auf,
Den Mai zu feiern, hörten unsre Absicht 1610
Und kamen her zu unsrer Festlichkeit.
Doch sag mir, Egeus: ist dies nicht der Tag,
Wo Hermia ihre Wahl erklären sollte?
EGEUS. Er ist's, mein Fürst.
THESEUS. Geh, heiß die Jäger sie
Mit ihren Hörnern wecken. 1615
(Waldhörner und Jagdgeschrei hinter der Szene. Demetrius, Lysander, Hermia und Helena erwachen und fahren auf.)
Ei, guten Tag! Sankt Velten ist vorbei,
Und paaren jetzt sich diese Vögel erst?
LYSANDER. Verzeihung, Herr!
(Er und die Übrigen knien.)

THESEUS. Steht auf, ich bitt euch alle.
Ich weiß, ihr zwei seid Feind' und Nebenbuhler:
Wo kommt nun diese milde Eintracht her,
Dass, fern vom Argwohn, Hass beim Hasse schläft
Und keine Furcht vor Feindlichkeiten hegt?
LYSANDER.
Mein Fürst, ich werd erstaunt Euch Antwort geben.
Halb wachend, halb im Schlaf noch schwör ich Euch,
Ich weiß nicht recht, wie ich hierher mich fand.
Doch denk ich (denn ich möchte wahrhaft reden –
Und jetzt besinn ich mich, so ist es auch)
Ich kam mit Hermia her; wir hatten vor,
Weg von Athen an einen Ort zu fliehn,
Wo des Gesetzes Bann uns nicht erreichte.
EGEUS. Genug, genug! Mein Fürst, Ihr habt genug;
Ich will den Bann, den Bann auf seinen Kopf.
Fliehn wollten sie, ja fliehn, Demetrius!
Und wollten so berauben dich und mich,
Dich deines Weibs und meines Wortes mich;
Des Wortes, das zum Weibe dir sie gab.
DEMETRIUS. Mein Fürst, die schöne Helena verriet
Mir ihren Plan, in diesen Wald zu flüchten;
Und ich verfolgte sie hieher aus Wut,
Die schöne Helena aus Liebe mich.
Doch weiß ich nicht, mein Fürst, durch welche Macht
(Doch eine höh're Macht ist's) meine Liebe
Zu Hermia, wie Schnee zerronnen, jetzt
Mir eines eitlen Tands Erinnrung scheint,
Worein ich in der Kindheit mich vergafft.
Der Gegenstand, die Wonne meiner Augen
Und alle Treu und Tugend meiner Brust
Ist Helena allein. Mit ihr, mein Fürst,
War ich verlobt, bevor ich Hermia sah.
Doch, wie ein Kranker, hasst' ich diese Nahrung:
Nun, zum natürlichen Geschmack genesen,
Begehr ich, lieb ich sie, schmacht ich nach ihr
Und will ihr treu sein nun und immerdar.
THESEUS. Ihr Liebenden, ein Glück, dass ich euch traf!
Wir setzen dies Gespräch bald weiter fort.
Ihr, Egeus, müsst Euch meinem Willen fügen:
Denn schließen sollen diese Paar' im Tempel
Zugleich mit uns den ewigen Verein.
Und weil der Morgen schon zum Teil verstrich,

So bleib auch unsre Jagd nun ausgesetzt. – 1660
Kommt mit zur Stadt! Wir wollen drei selb drei
Ein Fest begehn, das ohnegleichen sei. –
Komm denn, Hippolyta!
    (Theseus, Hippolyta, Egeus und Gefolge ab.)
DEMETRIUS. Dies alles scheint so klein und unerkennbar;
Wie ferne Berge, schwindend im Gewölk. 1665
HERMIA. Mir ist, ich säh dies mit geteiltem Auge,
Dem alles doppelt scheint.
HELENA.   So ist's auch mir.
Ich fand Demetrius, so wie ein Kleinod,
Mein und auch nicht mein Eigen.
DEMETRIUS.   Seid Ihr denn
Des Wachens auch gewiss? Mir scheint's, wir schlafen, 1670
Wir träumen noch. Denkt Ihr nicht, dass der Herzog
Hier war und ihm zu folgen uns gebot?
HERMIA. Ja, auch mein Vater.
HELENA.   Und Hippolyta.
LYSANDER. Und er beschied uns zu sich in den Tempel.
DEMETRIUS. Wohl denn, wir wachen also. Auf, ihm nach! 1675
Und plaudern wir im Gehn von unsern Träumen. *(Ab.)*
    (Wie sie abgehn, wacht Zettel auf.)
ZETTEL. Wenn mein Stichwort kommt, ruft mich, und ich will
antworten. Mein nächstes ist: „Allerschönster Pyramus." –
He! Hallo! – Peter Squenz! Flaut, der Bälgenflicker! Schnauz,
der Kesselflicker! Schlucker! – Sapperment! Alle davongelau- 1680
fen und lassen mich hier schlafen! – Ich habe ein äußerst rares
Gesicht gehabt. Ich hatte 'nen Traum – 's geht über Menschen-
witz zu sagen, was es für ein Traum war. Der Mensch ist nur
ein Esel, wenn er sich einfallen lässt, diesen Traum auszulegen.
Mir war, als wär ich – kein Menschenkind kann sagen, was. Mir 1685
war, als wär ich und mir war, als hätt ich – aber der Mensch ist
nur ein lumpiger Hanswurst, wenn er sich unterfängt, zu sagen, was mir war, als hätt ich's. Des Menschen Auge hat's
nicht gehört, des Menschen Ohr hat's nicht gesehen; des Menschen Hand kann's nicht schmecken, seine Zunge kann's nicht 1690
begreifen und sein Herz nicht wiedersagen, was mein Traum
war. – Ich will den Peter Squenz dazu kriegen, mir von diesem
Traum eine Ballade zu schreiben; sie soll Zettels Traum heißen,
weil sie so seltsam angezettelt ist, und ich will sie gegen das Ende des Stücks vor dem Herzoge singen. Vielleicht, 1695
um sie noch anmutiger zu machen, werde ich sie nach dem Tode singen. *(Ab.)*

ZWEITE SZENE

Athen. Eine Stube in Squenzens Hause

Squenz, Flaut, Schnauz und Schlucker *kommen.*

SQUENZ. Habt ihr nach Zettels Hause geschickt? Ist er noch nicht zu Haus gekommen?
SCHLUCKER. Man hört nichts von ihm. Ohne Zweifel ist er transportiert.
FLAUT. Wenn er nicht kommt, so ist das Stück zum Henker. Es geht nicht vor sich, nicht wahr?
SQUENZ. Es ist nicht möglich. Ihr habt keinen Mann in ganz Athen, außer ihm, der kapabel ist, den Pyramus herauszubringen.
FLAUT. Nein; er hat schlechterdings den besten Witz von allen Handwerksleuten in Athen.
SQUENZ. Ja, der Tausend! und die beste Person dazu. Und was eine süße Stimme betrifft, da ist er ein rechtes Phänomen.
FLAUT. Ein Phönix müsst Ihr sagen. Ein Phänomen (Gott behüte uns!) ist ein garstiges Ding.

Schnock kommt.

SCHNOCK. Meisters, der Herzog kommt eben vom Tempel, und noch drei oder vier andre Herren und Damen mehr sind verheiratet. Wenn unser Spiel vor sich gegangen wäre, so wären wir alle gemachte Leute gewesen.
FLAUT. O lieber Sappermentsjunge, Zettel! So hat er nun sechs Batzen des Tags für Lebenszeit verloren. Er konnte sechs Batzen des Tags nicht entgehn, – und wenn ihm der Herzog nicht sechs Batzen des Tags für den Pyramus gegeben hätte, will ich mich hängen lassen! Er hätt es verdient. – Sechs Batzen des Tags für den Pyramus, oder gar nichts!

Zettel kommt.

ZETTEL. Wo sind die Buben? Wo sind die Herzensjungen?
SQUENZ. Zettel! – O allertrefflichster Tag! gebenedeite Stunde!
ZETTEL. Meisters, ich muss Wunderdinge reden, aber fragt mich nicht, was; denn wenn ich's euch sage, bin ich kein ehrlicher Athener. Ich will euch alles sagen, just wie es sich zutrug.
SQUENZ. Lass uns hören, lieber Zettel.
ZETTEL. Nicht eine Silbe. Nur so viel will ich euch sagen, der Herzog haben zu Mittag gespeist. Kriegt eure Gerätschaften herbei! Gute Schnüre an eure Bärte! Neue Bänder an eure Schuh! Kommt gleich beim Palaste zusammen; lasst jeden seine

Rolle überlesen; denn das Kurze und das Lange von der Sache ist: unser Spiel geht vor sich. Auf allen Fall lasst Thisbe reine Wäsche anziehn, und lasst den, der den Löwen macht, seine Nägel nicht verschneiden; denn sie sollen heraushängen als des Löwen Klauen. Und, allerliebste Akteurs! esst keine Zwiebeln, keinen Knoblauch; denn wir sollen süßen Odem von uns geben, und ich zweifle nicht, sie werden sagen: Es ist eine sehr süße Komödie. Keine Worte weiter! Fort! marsch, fort!
(Alle ab.)

FÜNFTER AKT

ERSTE SZENE

Ein Zimmer im Palaste des Theseus

Theseus, Hippolyta, Philostrat, Herren vom Hofe und Gefolge treten auf.

HIPPOLYTA. Was diese Liebenden erzählen, mein Gemahl,
Ist wundervoll.
THESEUS.   Mehr wundervoll wie wahr.
Ich glaubte nie an diese Feenpossen
Und Fabeleien. Verliebte und Verrückte
Sind beide von so brausendem Gehirn,
So bildungsreicher Phantasie, die wahrnimmt,
Was nie die kühlere Vernunft begreift.
Wahnwitzige, Poeten und Verliebte
Bestehn aus Einbildung. Der eine sieht
Mehr Teufel, als die weite Hölle fasst;
Der Tolle nämlich; der Verliebte sieht,
Nicht minder irr, die Schönheit Helenas
Auf einer äthiopisch braunen Stirn.
Des Dichters Aug, in schönem Wahnsinn rollend,
Blitzt auf zum Himmel, blitzt zur Erd hinab,
Und wie die schwangre Phantasie Gebilde
Von unbekannten Dingen ausgebiert,
Gestaltet sie des Dichters Kiel, benennt
Das luft'ge Nichts und gibt ihm festen Wohnsitz.
So gaukelt die gewalt'ge Einbildung;
Empfindet sie nur irgendeine Freude,
Sie ahnet einen Bringer dieser Freude;
Und in der Nacht, wenn uns ein Graun befällt,
Wie leicht, dass man den Busch für einen Bären hält!
HIPPOLYTA. Doch diese ganze Nachtbegebenheit
Und ihrer aller Sinn, zugleich verwandelt,
Bezeugen mehr als Spiel der Einbildung.
Es wird daraus ein Ganzes voll Bestand,
Doch seltsam immer noch und wundervoll.
Lysander, Demetrius, Hermia und Helena treten auf.
THESEUS. Hier kommen die Verliebten, froh entzückt.
Glück, Freunde, Glück! Und heitre Liebestage
Nach Herzenswunsch!

LYSANDER. Beglückter noch, mein Fürst,
Sei Euer Aus- und Eingang, Tisch und Bett!
THESEUS. Nun kommt! Was haben wir für Spiel' und Tänze?
Wie bringen wir nach Tisch bis Schlafengehn 1775
Den langen Zeitraum von drei Stunden hin?
Wo ist der Meister unsrer Lustbarkeiten?
Was gibt's für Kurzweil? Ist kein Schauspiel da,
Um einer langen Stunde Qual zu lindern? –
Ruft mir den Philostrat! 1780
PHILOSTRAT. Hier, großer Theseus!
THESEUS. Was gibt's für Zeitvertreib auf diesen Abend?
Was für Musik und Tanz? Wie täuschen wir
Die träge Zeit als durch Belustigung?
PHILOSTRAT. Der Zettel hier besagt die fert'gen Spiele:
Wähl Eure Hoheit, was sie sehen will. 1785
(Überreicht ein Papier.)
THESEUS *(liest).* „Das Treffen der Zentauren; wird zur Harfe
Von einem Hämling aus Athen gesungen."
Nein, nichts hiervon! Das hab ich meiner Braut
Zum Ruhm des Vetter Herkules erzählt.
„Der wohl bezechten Bacchanalen Wut, 1790
Wie sie den Sänger Thraziens zerreißen."
Das ist ein altes Stück; es ward gespielt,
Als ich von Theben siegreich wiederkam.
„Der Musen Neunzahl, trauernd um den Tod
Der jüngst im Bettelstand verstorbenen Gelahrtheit." 1795
Das ist 'ne strenge, beißende Satire,
Die nicht zu einer Hochzeitsfeier passt.
„Ein kurz langweil'ger Akt vom jungen Pyramus
Und Thisbe, seinem Lieb. Spaßhafte Tragödie."
Kurz und langweilig? Spaßhaft und doch tragisch? 1800
Das ist ja glühend Eis und schwarzer Schnee.
Wer findet mir die Eintracht dieser Zwietracht?
PHILOSTRAT. Es ist ein Stück, ein Dutzend Worte lang,
Und also kurz, wie ich nur eines weiß;
Langweilig wird es, weil's ein Dutzend Worte 1805
Zu lang ist, gnäd'ger Fürst; kein Wort ist recht
Im ganzen Stück, kein Spieler weiß Bescheid.
Und tragisch ist es auch, mein Gnädigster:
Denn Pyramus bringt selbst darin sich um.
Als ich's probieren sah, ich muss gestehn, 1810
Es zwang mir Tränen ab, doch lust'ger weinte
Des lauten Lachens Ungestüm sie nie.

THESEUS. Wer sind die Spieler?
PHILOSTRAT. Männer, hart von Faust,
Die in Athen hier ein Gewerbe treiben,
Die nie den Geist zur Arbeit noch geübt
Und nun ihr widerspenstiges Gedächtnis
Mit diesem Stück auf Euer Fest geplagt.
THESEUS. Wir wollen's hören.
PHILOSTRAT. Nein, mein gnäd'ger Fürst,
Es ist kein Stück für Euch. Ich hört' es an,
Und es ist nichts daran, nichts auf der Welt,
Wenn Ihr nicht Spaß an ihren Künsten findet,
Die sie mit schwerer Müh sich eingeprägt'
Euch damit aufzuwarten.
THESEUS. Ich will's hören,
Denn nie kann etwas mir zuwider sein,
Was Einfalt darbringt und Ergebenheit.
Geht, führt sie her! Ihr Frauen, nehmet Platz!
(Philostrat ab.)
HIPPOLYTA. Ich mag nicht gern Armseligkeit bedrückt,
Ergebenheit im Dienst erliegen sehn.
THESEUS. Du sollst ja, Teure, nichts dergleichen sehn.
HIPPOLYTA. Er sagt ja, sie verstehen nichts hievon.
THESEUS. Um desto güt'ger ist's, für nichts zu danken.
Was sie versehen, ihnen nachzusehn,
Sei unsre Lust. Was armer, will'ger Eifer
Zu leisten nicht vermag, schätzt edle Rücksicht
Nach dem Vermögen nur, nicht nach dem Wert.
Wohin ich kam, da hatten sich Gelahrte
Auf wohlgesetzte Reden vorbereitet.
Da haben sie gezittert, sich entfärbt,
Gestockt in einer halbgesagten Phrase;
Die Angst erstickte die erlernte Rede,
Noch eh sie ihren Willkomm vorgebracht,
Und endlich brachen sie verstummend ab.
Sogar aus diesem Schweigen, liebes Kind,
Glaub mir, fand ich den Willkomm doch heraus,
Ja, in der Schüchternheit bescheidnen Eifers
Las ich so viel als von der Plapperzunge
Vorwitzig prahlender Beredsamkeit.
Wann Lieb und Einfalt sich zu reden nicht erdreisten,
Dann, dünkt mich, sagen sie im wenigsten am meisten.
Philostrat kommt zurück.
PHILOSTRAT. Beliebt es Eurer Hoheit? Der Prolog ist fertig.

THESEUS. Lasst ihn kommen!
(Trompeten.)
Der Prolog tritt auf.
PROLOG. „Wenn wir missfallen tun, so ist's mit gutem Willen.
Der Vorsatz bleibt doch gut, wenn wir ihn nicht erfüllen.
Zu zeigen unsre Pflicht durch dieses kurze Spiel,
Das ist der wahre Zweck von unserm End und Ziel.
Erwäget also denn, warum wir kommen sein.
Wir kommen nicht, als sollt ihr euch daran ergötzen;
Die wahre Absicht ist – zu eurer Lust allein
Sind wir nicht hier – dass wir in Reu und Leid euch setzen.
Die Spieler sind bereit: wenn ihr sie werdet sehen,
Versteht ihr alles schon, was ihr nur wollt verstehen."
THESEUS. Dieser Bursche nimmt's nicht sehr genau.
LYSANDER. Er hat seinen Prolog geritten, wie ein wildes Füllen, er weiß noch nicht, wo er Halt machen soll. Eine gute Lehre, gnädiger Herr: es ist nicht genug, dass man rede; man muss auch richtig reden.
HIPPOLYTA. In der Tat, er hat auf seinem Prolog gespielt wie ein Kind auf der Flöte. Er brachte wohl einen Ton heraus, aber keine Note.
THESEUS. Seine Rede war wie eine verwickelte Kette: nichts zerrissen, aber alles in Unordnung. Wer kommt zunächst?
Pyramus, Thisbe, Wand, Mondschein und Löwe treten
als stumme Personen auf.
PROLOG.
„Was dies bedeuten soll, das wird euch wundern müssen:
Bis Wahrheit alle Ding' stellt an das Licht herfür.
Der Mann ist Pyramus, wofern ihr es wollt wissen;
Und dieses Fräulein schön ist Thisbe, glaubt es mir.
Der Mann mit Mörtel hier und Lehmen soll bedeuten
Die Wand, die garst'ge Wand, die ihre Lieb tät scheiden.
Doch freut es sie, drob auch sich niemand wundern soll,
Wenn durch die Spalte klein sie konnten flüstern wohl.
Der Mann da mit Latern und Hund und Busch von Dorn
Den Mondschein präsentiert; denn wann ihr's wollt erwägen:
Bei Mondschein hatten die Verliebten sich verschworn,
Zu gehen nach Nini Grab, um dort der Lieb zu pflegen.
Dies grässlich wilde Tier, mit Namen Löwe groß,
Die treue Thisbe, die des Nachts zuerst gekommen,
Tät scheuchen, ja vielmehr erschrecken, dass sie bloß
Den Mantel fallen ließ und drauf die Flucht genommen.
Drauf dieser schnöde Löw in seinen Rachen nahm,

Und ließ mit Blut befleckt den Mantel lobesam.
1890 Sofort kommt Pyramus, ein Jüngling weiß und rot,
Und find't den Mantel da von seiner Thisbe tot;
Worauf er mit dem Deg'n, mit blutig bösem Degen,
Die blut'ge heiße Brust sich tapferlich durchstach;
Und Thisbe, die indes im Maulbeerschatten g'legen,
1895 Zog seinen Dolch heraus und sich das Herz zerbrach.
Was noch zu sagen ist, das wird, glaubt mir fürwahr!
Euch Mondschein, Wand und Löw und das verliebte Paar
Der Läng und Breite nach, solang sie hier verweilen,
Erzählen, wenn ihr wollt, in wohl gereimten Zeilen."
(Prolog, Thisbe, Löwe und Mondschein ab.)
1900 THESEUS. Mich nimmt wunder, ob der Löwe sprechen wird.
DEMETRIUS. Kein Wunder, gnädiger Herr: ein Löwe kann's wohl, da so viele Esel es tun.
WAND. „In dem besagten Stück es sich zutragen tut,
Dass ich, Thoms Schnauz genannt, die Wand vorstelle gut,
1905 Und eine solche Wand, wovon ihr solltet halten,
Sie sei durch einen Schlitz recht durch und durch gespalten,
Wodurch der Pyramus und seine Thisbe fein
Oft flüsterten ganz leis und insgeheim.
Der Mörtel und der Lehm und dieser Stein tut zeigen,
1910 Dass ich bin diese Wand, ich will's euch nicht verschweigen.
Und dies die Spalte ist, zur Linken und zur Rechten,
Wodurch die Buhler zwei sich täten wohl besprechen."
THESEUS. Kann man verlangen, dass Lehm und Haar besser reden sollten?
1915 DEMETRIUS. Es ist die witzigste Abteilung, die ich jemals vortragen hörte.
THESEUS. Pyramus geht auf die Wand los. Stille!
Pyramus kommt.
PYRAMUS.
„O Nacht, so schwarz von Farb, o grimmerfüllte Nacht!
O Nacht, die immer ist, sobald der Tag vorbei!
1920 O Nacht! O Nacht! O Nacht! ach! ach! ach! Himmel! ach!
Ich fürcht, dass Thisbes Wort vergessen worden sei.
Und du, o Wand, o süß und liebenswerte Wand!
Die zwischen unsrer beiden Eltern Haus tut stehen;
Du Wand, o Wand, o süß und liebenswerte Wand!
1925 Zeig deine Spalte mir, dass ich da durch mag sehen.
(Wand hält die Finger in die Höh.)
Hab Dank, du gute Wand! der Himmel lohn es dir!
Jedoch was seh ich dort? Thisbe, die seh ich nicht.

O böse Wand, durch die ich nicht seh meine Zier,
Verflucht sei'n deine Stein', dass du so äffest mich."
THESEUS. Mich deucht, die Wand müsste wieder fluchen, da sie Empfindung hat.
PYRAMUS. Nein, fürwahr, Herr, das muss er nicht. „Äffest mich" ist Thisbes Stichwort; sie muss hereinkommen, und ich muss sie dann durch die Wand ausspionieren. Ihr sollt sehen, es wird just zutreffen, wie ich Euch sage. Da kommt sie schon.

Thisbe kommt.

THISBE. „O Wand, du hast schon oft gehört das Seufzen mein,
Mein'n schönsten Pyramus weil du so trennst von mir.
Mein roter Mund hat oft geküsset deine Stein',
Dein' Stein', mit Lehm und Haar geküttet auf in dir.
PYRAMUS.
Ein Stimm ich sehen tu; ich will zur Spalt und schauen,
Ob ich nicht hören kann mein'r Thisbe Antlitz klar.
Thisbe! –
THISBE. Dies ist mein Schatz, mein Liebchen ist's, fürwahr!
PYRAMUS.
Denk, was du willst, ich bin's; du kannst mir sicher trauen.
Und gleich Limander bin ich treu in meiner Pflicht.
THISBE. Und ich gleich Helena, bis mich der Tod ersticht.
PYRAMUS. So treu war Schefelus einst seiner Procrus nicht.
THISBE. Wie Procrus Scheflus liebt', lieb ich dein Angesicht.
PYRAMUS.
O küss mich durch das Loch von dieser garst'gen Wand!
THISBE. Mein Kuss trifft nur das Loch, nicht deiner Lippen Rand.
PYRAMUS. Willst du bei Nickels Grab heut Nacht mich treffen an?
THISBE. Sei's lebend oder tot, ich komme, wenn ich kann.
WAND. So hab ich Wand nunmehr mein'n Part gemachet gut.
Und nun sich also Wand hinwegbegeben tut."

(Wand, Pyramus und Thisbe ab.)

THESEUS. Nun ist also die Wand zwischen den beiden Nachbarn nieder.
DEMETRIUS. Das ist nicht mehr als billig, gnäd'ger Herr, wenn Wände Ohren haben.
HIPPOLYTA. Dies ist das einfältigste Zeug, das ich jemals hörte.
THESEUS. Das Beste in dieser Art ist nur Schattenspiel, und das Schlechteste ist nichts Schlechteres, wenn die Einbildungskraft nachhilft.

HIPPOLYTA. Das muss dann Eure Einbildungskraft tun und nicht die ihrige.

THESEUS. Wenn wir uns nicht Schlechteres von ihnen einbilden, als sie selbst, so mögen sie für vortreffliche Leute gelten. Hier kommen zwei edle Tiere herein, ein Mond und ein Löwe.

Löwe und Mondschein treten auf.

LÖWE. „Ihr Fräulein, deren Herz fürchtet die kleinste Maus,
Die in monströser Gestalt tut auf dem Boden schweben,
Mögt itzo zweifelsohn erzittern und erbeben.
Wenn Löwe, rau von Wut, lässt sein Gebrüll heraus.
So wisset denn, dass ich Hans Schnock, der Schreiner, bin,
Kein böser Löw fürwahr, noch eines Löwen Weib;
Denn käm ich als ein Löw und hätte Harm im Sinn,
So dau'rte, meiner Treu, mich mein gesunder Leib."

THESEUS. Eine sehr höfliche Bestie und sehr gewissenhaft.

DEMETRIUS. Das Beste von Bestien, gnädiger Herr, was ich je gesehn habe.

LYSANDER. Dieser Löwe ist ein rechter Fuchs an Herzhaftigkeit.

THESEUS. Wahrhaftig, und eine Gans an Klugheit.

DEMETRIUS. Nicht so, gnädiger Herr, denn seine Herzhaftigkeit kann sich seiner Klugheit nicht bemeistern wie der Fuchs einer Gans.

THESEUS. Ich bin gewiss, seine Klugheit kann sich seiner Herzhaftigkeit nicht bemeistern; denn eine Gans bemeistert sich keines Fuchses. Wohl! überlasst es seiner Klugheit, und lasst uns auf den Mond horchen.

MOND. „Den wohl gehörnten Mond d'Latern' z' erkennen gibt."

DEMETRIUS. Er sollte die Hörner auf dem Kopfe tragen.

THESEUS. Er ist ein Vollmond; seine Hörner stecken unsichtbar in der Scheibe.

MOND. „Den wohl gehörnten Mond d' Latern z' erkennen gibt;
Ich selbst den Mann im Mond, wofern es euch beliebt."

THESEUS. Das ist noch der größte Verstoß unter allen; der Mann sollte in die Laterne gesteckt werden; wie ist er sonst der Mann im Monde?

DEMETRIUS. Er darf es nicht wegen des Lichtes. Er würde es in Feuer und Flammen setzen.

HIPPOLYTA. Ich bin diesen Mond satt; ich wollte, er wechselte.

THESEUS. Das kleine Licht seiner Vernunft zeigt, dass er im Abnehmen ist. Aber doch, aus Höflichkeit und der Ordnung wegen, müssen wir die Zeit ausdauern.

LYSANDER. Sprich weiter, Mond!

MOND. Alles, was ich zu sagen habe, ist, euch zu melden: dass

diese Laterne der Mond ist; ich der Mann im Monde; dieser
Dornbusch mein Dornbusch; und dieser Hund mein Hund.
DEMETRIUS. Alle diese Dinge sollten also in der Laterne sein,
denn sie sind im Monde. Doch still! hier kommt Thisbe.
Thisbe tritt auf.
THISBE. „Dies ist ja Nickels Grab; wo ist mein Liebchen denn?"
LÖWE. „Oh!"
(Der Löwe brüllt, Thisbe läuft davon.)
DEMETRIUS. Gut gebrüllt, Löwe!
THESEUS. Gut gelaufen, Thisbe!
HIPPOLYTA. Gut geschienen, Mond! – In der Tat, der Mond
scheint mit vielem Anstande.
(Der Löwe zerreißt den Mantel der Thisbe.)
THESEUS. Gut gezaust, Löwe!
DEMETRIUS. Und da kam Pyramus.
Pyramus kommt.
LYSANDER. Und da verschwand der Löwe.
(Löwe ab.)
PYRAMUS. „Ich dank dir süßer Mond, für deine Sonnenstrahlen,
Die also hell und schön den Erdenball bemalen.
Dieweil bei deinem Gold und funkelnd süßem Licht,
Zu kosten ich verhoff mein'r Thisben Angesicht.
      Doch halt, o Pein!
      Was soll dies sein?
      Was für ein Graus ist dies?
      Aug, siehst du noch?
      O schweres Joch!
      Mein Herz, mein Liebchen süß,
      Dein Mantel gut
      Befleckt mit Blut!
      Ihr Furien, kommt im Trab
      Herbei und rächt,
      Und löscht und brecht
      Den Lebensfaden ab."
THESEUS. Dieser Jammer und der Tod eines werten Freundes
sollten einen Menschen schon zum Trauern bringen.
HIPPOLYTA. Bei meiner Seele; ich bedaure den Mann.
PYRAMUS. „Warum denn, o Natur, tatst du den Löwen bauen?
Weil solch ein schnöder Löw mein Lieb hat defloriert,
Sie, welche ist – nein, war – die schönste aller Frauen,
Die je des Tages Glanz mit ihrem Schein geziert.
      Komm, Tränenschar!
      Aus, Schwert! durchfahr

>   Die Brust dem Pyramo!
>   Die Linke hier,
>   Wo's Herz hüpft mir,
>   So sterb ich denn, so, so!
>   Nun tot ich bin,
>   Der Leib ist hin,
>   Die Seel speist Himmelsbrot.
>   O Zung, lisch aus!
>   Mond, lauf nach Haus!
>   Nun tot, tot, tot, tot, tot!"
>   *(Er stirbt. Mondschein ab.)*

HIPPOLYTA. Wie kommt's, dass der Mondschein weggegangen ist, ehe Thisbe zurückkommt und ihren Liebhaber findet?

THESEUS. Sie wird ihn beim Sternenlicht finden. – Hier kommt sie –

Thisbe kommt.

und ihr Jammer endigt das Spiel.

HIPPOLYTA. Mich deucht, sie sollte keinen langen Jammer für solch einen Pyramus nötig haben; ich hoffe, sie wird sich kurz fassen.

DEMETRIUS. Eine Motte wird in der Waage den Ausschlag geben, ob Pyramus oder Thisbe mehr taugt.

LYSANDER. Sie hat ihn schon mit ihren süßen Augen ausgespäht.

DEMETRIUS. Und so jammert sie, folgendergestalt:

THISBE.
>   „Schläfst du, mein Kind?
>   Steh auf geschwind!
>   Wie, Täubchen, bist du tot?
>   O sprich! o sprich!
>   O rege dich!
>   Ach! tot ist er! o Not!
>   Dein Lilienmund,
>   Dein Auge rund,
>   Wie Schnittlauch frisch und grün,
>   Dein Kirschennas,
>   Dein Wangen blass,
>   Die wie ein Goldlack blühn,
>   Soll nun ein Stein
>   Bedecken fein?
>   O klopf mein Herz und brich!
>   Ihr Schwestern drei!
>   Kommt, kommt herbei!

Und leget Hand an mich! 2085
Zung, nicht ein Wort!
Nun Dolch, mach fort!
Zerreiß des Busens Schnee.
Lebt wohl, ihr Herrn!
Ich scheide gern. 2090
Ade, Ade, Ade!"
(Sie stirbt.)
THESEUS. Mondschein und Löwe sind übrig geblieben, um die Toten zu begraben.
DEMETRIUS. Ja, und Wand auch.
ZETTEL. Nein, wahrhaftig nicht; die Wand ist niedergerissen, 2095
die ihre Väter trennte. Beliebt es euch, den Epilog zu sehn oder einen Bergomasker Tanz zwischen zweien von unsrer Gesellschaft zu hören?
THESEUS. Keinen Epilog, ich bitte Euch; Euer Stück bedarf keiner Entschuldigung. Entschuldigt nur nicht: wenn alle Schau- 2100
spieler tot sind, braucht man keinen zu tadeln. Meiner Treu, hätte der, der es geschrieben hat, den Pyramus gespielt und sich an Thisbes Strumpfband aufgehängt, so wär es eine schöne Tragödie gewesen; und das ist es auch wahrhaftig, und recht wacker agiert. Aber kommt, Euren Bergomasker Tanz! Den 2105
Epilog lasst laufen.
(Ein Tanz von Rüpeln.)
Die Mitternacht rief zwölf mit eh'rner Zunge.
Zu Bett, Verliebte! Bald ist's Geisterzeit.
Wir werden, fürcht ich, in den Morgen schlafen,
So weit wir in die Nacht hineingewacht. 2110
Dies greiflich dumme Spiel hat doch den trägen Gang
Der Nacht getäuscht. Zu Bett, geliebten Freunde!
Noch vierzehn Tage lang soll diese Festlichkeit
Sich jede Nacht erneu'n, mit Spiel und Lustbarkeit.
(Alle ab.)
Droll tritt auf.
DROLL.
Jetzt beheult der Wolf den Mond, 2115
Durstig brüllt im Forst der Tiger.
Jetzt mit schwerem Dienst verschont,
Schnarcht der arbeitsmüde Pflüger.
Jetzo schmaucht der Brand am Herd,
Und das Käuzlein kreischt und jammert, 2120
Dass der Krank es ahnend hört
Und sich fest ans Kissen klammert.

    Jetzo gähnt Gewölb und Grab,
    Und, entschlüpft den kalten Mauern,
    Sieht man Geister auf und ab,
    Sieht am Kirchhofszaun sie lauern.
    Und wir Elfen, die mit Tanz
    Hekates Gespann umhüpfen.
    Und, gescheucht vom Sonnenglanz,
    Träumen gleich ins Dunkel schlüpfen,
    Schwärmen jetzo; keine Maus
    Störe dies geweihte Haus!
    Voran komm ich mit Besenreis,
    Die Flur' zu fegen blank und weiß.
  Oberon und Titania mit ihrem Gefolge treten auf.
OBERON.
    Bei des Feuers mattem Flimmern,
    Geister, Elfen, stellt euch ein!
    Tanzet in den bunten Zimmern
    Manchen leichten Ringelreihn!
    Singt nach meiner Lieder Weise!
    Singet! hüpfet! lose! leise!
TITANIA.
    Wirbelt mir mit zarter Kunst
    Eine Not auf jedes Wort;
    Hand in Hand, mit Feengunst,
    Singt und segnet diesen Ort!
      (Gesang und Tanz.)
OBERON.
    Nun bis Tages Wiederkehr,
    Elfen, schwärmt im Haus umher!
    Kommt zum besten Brautbett hin,
    Dass es Heil durch uns gewinn!
    Das Geschlecht, entsprossen dort,
    Sei gesegnet immerfort;
    Jedes dieser Paare sei
    Ewiglich im Lieben treu;
    Ihr Geschlecht soll nimmer schänden
    Die Natur mit Feindeshänden;
    Und mit Zeichen schlimmer Art,
    Muttermal und Hasenschart,
    Werde durch des Himmels Zorn
    Ihnen nie ein Kind gebor'n. –
    Elfen, sprengt durchs ganze Haus
    Tropfen heil'gen Wiesentaus!

  Jedes Zimmer, jeden Saal
  Weiht und segnet allzumal!
  Friede sei in diesem Schloss,
  Und sein Herr ein Glücksgenoss!
  Nun genung!
  Fort im Sprung!
  Trefft mich mit der Dämmerung!
    (Oberon, Titania und Gefolge ab.)
DROLL.
  Wenn wir Schatten euch beleidigt,
  O so glaubt – und wohl verteidigt
  Sind wir dann! – ihr alle schier
  Habet nur geschlummert hier,
  Und geschaut in Nachtgesichten
  Eures eignen Hirnes Dichten.
  Wollt ihr diesen Kindertand,
  Der wie leere Träume schwand,
  Liebe Herrn, nicht gar verschmähn,
  Sollt ihr bald was Bessres sehn.
  Wenn wir bösem Schlangenzischen
  Unverdienterweis entwischen,
  So verheißt auf Ehre Droll
  Bald euch unsres Dankes Zoll;
  Ist ein Schelm zu heißen willig,
  Wenn dies nicht geschieht, wie billig.
  Nun gute Nacht! Das Spiel zu enden,
  Begrüßt uns mit gewognen Händen! *(Ab.)*

NACHWORT

Stratford-on-Avon ist eine mittelenglische Kleinstadt nordwestlich von London. Hier wurde William Shakespeare im Jahre 1564 geboren. Im Kirchenregister ist verzeichnet, dass er am 26. April getauft wurde – vermutlich, wie es damals üblich war, recht bald nach der Geburt. Das häufig genannte Datum des 23. April für seine Geburt ist allerdings nicht belegt. Er war das dritte Kind von John Shakespeare, der eine Zeit lang Bürgermeister und Friedensrichter in Stratford war, und Mary, geb. Arden, Tochter eines Grundbesitzers. Die älteren Geschwister, zwei Schwestern, starben früh, nach William wurden den Eltern noch fünf Kinder geboren. Als Sohn eines Ratsmitglieds dürfte Shakespeare die King's Grammar School besucht haben, deren Lehrer aus jener Zeit namentlich bekannt sind und die Universität in Oxford besucht hatten. Damit hat Shakespeare die gleiche Schulbildung genossen wie führende Staatsmänner unter Königin Elisabeth I. Sein schauspielerisches und schriftstellerisches Talent könnte angeregt worden sein durch die damalige Gepflogenheit, lateinische Stücke (die oft von den Lehrern verfasst waren) in den Schulen aufzuführen.

Mit 18 Jahren heiratete Shakespeare 1582 Anne Hathaway, die vermutlich 1556 geboren wurde und sieben Jahre nach ihrem Mann, am 6. August 1623, starb. Unbekannt ist, welchem Beruf er damals nachging. Erst das Jahr 1592 gibt uns wieder einigen Aufschluss: nun wird deutlich, dass Shakespeare in Theaterkreisen bekannt ist und „eine längere Bühnenpraxis aufzuweisen hatte" (Shakespeare-Handbuch, Kröner-Verlag, 1972, S. 150). 1595 wird er als Mitglied der Theatergruppe „Lord Chamberlain's Men" erwähnt, wobei bemerkenswert ist, dass er überhaupt namentlich genannt wurde. Die Truppe spielte 32 Mal vor Elisabeth I., weitaus öfter als andere Theatergruppen, 1603 ging sie als „King's Men" in den Schutz des Nachfolgers, König Jakobs I., über und spielte regelmäßig etwa zwölfmal im Jahr bei Hofe, überwiegend Stücke Shakespeares.

Vermutlich war Shakespeare bereits seit 1595 Teilhaber der Theatertruppe, die 1599 das Globe-Theatre auf eigenem Grundstück errichtete. 1608 wurde er auch Mitbesitzer des Blackfriars' Theatre. Für beide Theater verfasste er Stücke und trat auch als Hauptdarsteller auf – sicherlich nicht nur auf diesen Bühnen, sondern auch bei den Vorstellungen für den Hof und bei Gastspielen im Umland.

Es gilt als sicher, dass Shakespeare in London allein gelebt hat, die Familie mithin in Stratford blieb. Öffentliche Sicherheit und Hygiene (1592–1594 gab es mehrere Pestepidemien in der übervölkerten Stadt) ließen dies geboten erscheinen. Aus zeitgenössischen Unterlagen lassen sich sogar seine Quartiere erschließen. Spätestens ab 1612 scheint er auf Dauer nach Stratford übersiedelt zu sein, wo er inzwischen weiteren Grundbesitz erworben hatte. Sein Testament, das er vermutlich im Januar 1616 machte und im März ergänzte, ist erhalten und weist ihn als wohlhabenden Bürger aus. Er starb am 23. April 1616 und wurde drei Tage später in Stratford-on-Avon begraben. Sein Grab befindet sich in der Dreifaltigkeitskirche, dicht dabei wurde schon bald nach seinem Tod in einer Nische eine Büste aufgestellt, die einen guten Eindruck von seinem Aussehen vermittelt.

Nachwort

Mit großer Wahrscheinlichkeit schrieb Shakespeare den „Sommernachtstraum" um 1595 als Festspiel zur Hochzeitsfeier eines fürstlichen Paares, möglicherweise des Sir Thomas Heneage, Schatzmeister der Königin, mit der verwitweten Mutter des Grafen Southampton, dem Shakespeare 1593 sein Epos „Venus und Adonis" gewidmet hatte. – Der Titel des „Sommernachtstraum" weist auf die Johannisnacht, die Nacht des 24. Juni. Dieser Tag war in Shakespeares Zeit ein mit vielen Volksbräuchen und Phantasien verbundenes Freudenfest, Mummenschanz und Verzauberung verbanden sich in der Vorstellung der Menschen mit dieser „midsummer-night", – „midsummer-madness" nannte man die Entrückungen, die nach Tagen der Sommerhitze die Menschen befallen und verwirren konnten.

Die Handlung des „Sommernachtstraum" ist Shakespeares eigene Erfindung, – eine Tatsache, die nur für ganz wenige seiner Dramen zutrifft. Was er für den „Sommernachtstraum" aus älteren Quellen übernimmt, sind Einzelheiten, die nur als Motive und Bausteine in neue Zusammenhänge treten. So stammt die Geschichte der Hochzeit von Theseus und Hippolyta aus der „Knightes Tale" von Chaucer, der sie von Plutarch übernahm. Die Kenntnis der Geschichte von Pyramus und Thisbe in der Golding'schen Übersetzung von Ovids Metamorphosen konnte Shakespeare beim Publikum voraussetzen, als er diese Episode parodierte. Als wahrscheinlichste Quelle für die Verwendung des Motivs eines verwirrenden und entwirrenden Zaubersaftes hat man die „Diana Enamorada" des Spaniens Montemayor (fortgesetzt von Gil Polo 1578) genannt.

Der verschwiegene Bewegungsimpuls für das Drama mit allen seinen Verwirrungen ist die Eifersucht des Oberon auf einen indischen Fürstenknaben, den Titania geraubt hat (II, 1). Oberon verblendet daraufhin mit dem Zaubersaft die Augen der Titania, und die Verhängnisse nehmen ihren Lauf. Nach der Auflösung aller fatalen Verzauberung spricht Theseus über die Macht der Phantasie: dem Verrückten raubt sie alles Empfinden für Gleichmaß und Schönheit, sodass er die Welt voller Teufel sieht; dem Verliebten spiegelt sie Schönheit vor, wo keine ist; den Dichter lässt sie aus luftigem Nichts Gestalten schaffen.

Ungewöhnlich im „Sommernachtstraum" ist der Mangel an zusammenhängender Handlung: „Überall zwischen den Fugen der so genannten äußeren Handlung werden die Bereiche von Mythos und Natur, von fernen Ländern und geheimnisvollen Feenwesen wach. Die Natur ist im ‚Sommernachtstraum' genauso mithandelnd wie die auftretenden Personen selbst" (W. Clemen). Titanias Beschreibung des Aufruhrs in der Natur (II, 1) oder die Lieder der Elfen gehören zur innersten Substanz des Stückes, das aus diesen Stellen, die nicht zum eigentlichen Handlungsablauf gehören, stärker lebt als aus den Reden, die zwischen den Personen gewechselt werden. Der Mangel an Charakterisierung, den man den handelnden Personen im „Sommernachtstraum" vorgeworfen hat, steht im Zusammenhang mit dieser überpersönlichen Naturhaftigkeit. Wie im Schachspiel werden die Figuren ohne eigenen Willen bewegt und immer wieder neuen Beziehungen zugeführt. Sie haben mehr symbolische als individuelle Funktion. Das Überspringen der Liebe vom einen zum andern, die Auswechselbarkeit der Leidenschaft wäre bei unverwechselbaren Charakteren viel weniger überzeugend.

ANMERKUNGEN

Die Ziffern vor den Anmerkungen bezeichnen die Verse

v. 1 *Theseus und Hippolyta.* Quelle für die Gestalten des Theseus und der Hippolyta ist die Erzählung „Palamon und Arcita" aus den Canterbury Tales von Chaucer (1340–1400).

16f. *Ich habe mit dem Schwert um dich gebuhlt,* ... Nach der griechischen Sage hat Theseus mit den Athenern zuerst gegen die Amazonen gekämpft, bevor er sich mit ihrer Königin Hippolyta vermählte.

175 *Cytherens Tauben.* Die Tauben, die den Wagen der Liebesgöttin ziehen; Aphrodite ist hier mit ihrem Beinamen Cythera genannt (nach der ihr heiligen Insel Kythera).

177 *Dido.* Dido, die Gründerin Karthagos, verbrannte sich, als Aeneas sie verlassen hatte.

187 *Angelstern.* Leitstern. Der Polarstern, nach dem sich die Schiffe richten.

264 *Akteurs.* (franz.) Schauspieler.

266ff. *Pyramus und Thisbe.* Die „höchst klägliche" Komödie von Pyramus und Thisbe ist die Parodie eines akademischen Dramas aus der Zeit, als die Dichtkunst ein Monopol der Gelehrten war.

284 *Herkles.* Herkules spielte auf der vorshakespeareschen Bühne gewöhnlich die Rolle eines Kraftprotzes.

291 *Phöbus' Karr'n.* Der rossebespannte Sonnenwagen Apolls.

308 *terribel.* schrecklich.

325 *extempore.* (lat.) aus dem Stegreif.

338 *forcieren.* zwingen, übertreiben.

v. 365 *Elfen.* Das Wort ist ursprünglich niederdeutsch, hat sich aber im 18. Jahrhundert für das hochdeutsche Elben, Einzahl Alp, durchgesetzt. Elfen sind Naturgeister in der Erde, im Wasser und in der Luft, die die geheimnisvollen Kräfte dieser Elemente verkörpern. Ihr König war Alberich. In der späteren Sage erscheint Alberich als Fürst der Nachtelfen, während der der Lichtelfen Oberon ist. Oberon erscheint zuerst in dem altfranzösischen Rittergedicht Hüon de Bordeaux Ende des 12. Jahrhunderts; dieses wurde 1454 in einen prosaischen Volksroman umgewandelt, der 1579 ins Englische übersetzt wurde. Diese Übersetzung ist die Quelle Shakespeares.

395 *Eichelnäpfe.* Die kleinen Schüsseln ähnlichen Hüllen, aus denen die reifen Eicheln später herausfallen.

431 *Corydon.* Name eines wegen seiner unerwiderten Liebe klagenden Hirten aus den Eklogen Virgils.

445 *Perigune.* Die Namen der Geliebten des Theseus hat Shakespeare aus der Biographie von Plutarch: Perigune war die Tochter des Räubers Sinis, des Fichtenbeugers. Aegle war die Tochter des Panopäus, Ariadne die Tochter des Königs Ninos von Kreta. Antiopa war eine Amazone, Schwester der Hippolyta.

467f. *Labyrinthe im muntern Grün.* Irrgärten aus geschnittenen Hecken.

478 *Hiems* (lat.). Der Winter, als Greis mit kahlem Schädel gedacht.

68 Anmerkungen

489 *Wechselkind.* Ein untergeschobenes Kind, auch Wechselbalg, das von Unholden gegen das echte Kind ausgetauscht wurde.
495 *Neptun* (lat.). Der Gott des Meeres.
520 *Sirene.* Eine Meernymphe.
528 *Vestal.* Vestalinnen waren die ehelosen Priesterinnen der römischen Göttin Vesta. (Diese Stelle ist eine Anspielung auf die jungfräuliche Königin Elisabeth von England.)
538 *Lieb im Müßiggang.* Die Zauberblume „Lieb im Müßiggang" ist unser Stiefmütterchen; ein Kraut, das je nach Gebrauch Liebe erweckt oder auflöst.
544 *Leviathan* (hebräisch: das Gewundene). Ein Seeungeheuer.
602 *Apollo und Daphne.* Die Geschichte der Verfolgung der Nymphe Daphne durch Apoll wird von Ovid in den Metamorphosen erzählt, I, 452ff.
620 *Quendel.* Wilder Thymian.
820 *Prolog.* Vor der Aufführung eines Schauspiels gesprochene Anrede an das Publikum.
839 *applizieren.* Steht statt: explizieren (erklären), Squenz verwechselt oft die Fremdwörter.
854f. *Almanach* (griech.-ägyptisch). Kalender, Jahrbuch.
871 *Klinze* (mittelhochdeutsch). Spalt.
895 *Juvenil* (lat.). Jüngling.
897 *Nickels Grab.* Ninny's tomb, d. h. Grab des babylonischen Königs Ninus, aber auch des ninny = Tölpel.
912 *Werwolf.* Ein sagenhaftes Ungeheuer, das tagsüber Mensch und nachts Wolf war.
921 *transferiert,* engl. translated = übersetzt.
985 *Musje* (franz.). Monsieur: Herr.
1002 *Luna* (lat.). Die Göttin des Mondes.
1019 *Der ungesalzenste von den Gesellen.* Ungesalzen: geistlos.
1053 *Weil er ruhte.* Während er ruhte.
1061 *Antipoden.* „Gegenfüßler" auf der anderen Seite der Erdkugel.
1065 *so grass:* so grässlich.
1148 *Morellen.* Amorellen, Sauerkirschen.
1149 *Taurus.* Gebirge im Südosten Kleinasiens, neben Athos und Öta als hoher Berg in Ovids Metamorphosen II, 217 erwähnt.
1338 *Du Ecker du, du Paternosterkralle.* Im Englischen steht: You minimus, of hind'ring knotgrass made – du Zwerg, gemacht aus Wachstum hemmendem Knöterich. (Paternosterkralle: Koralle am Rosenkranz.)
1366 *Kocytus.* Der Tränenfluss, einer der Höllenflüsse.
1388 *Mit schnellen Drachen.* Der Wagen der Nacht wird von einem Drachengespann gezogen.
1389 *Aurora.* Die Göttin der Morgenröte, ihr Herold ist der Morgenstern.
1398 *Aurorens Liebling.* In den Metamorphosen von Ovid wird der Jäger Cephalus als Liebling der Morgenröte bezeichnet (VII. 721ff.).
1501 *Maultrommel.* Mundharmonika.
1511 *Exposition.* Zettel verwechselt Exposition mit Disposition (Stimmung, Geneigtheit).

Anmerkungen 69

1529 *ausgeschmält:* ausgeschimpft.
1546 *Cynthias Knospe.* engl. „Dians bud". Schlegel ersetzte aus metrischen Gründen den Namen der Göttin Diana durch einen ihrer Beinamen Kynthia. Die Pflanze ist agnus castus, das Symbol der Keuschheit und Gegenmittel gegen das Stiefmütterchen.
1587 *Herkules und Kadmus.* Die Jagdabenteuer des Herkules und des phönikischen Königssohnes Kadmus mit wilden Tieren beschreibt Ovid in den Metamorphosen Bd. III. u. IX. Dabei wird auch eine spartanische Hunderasse gerühmt III, 28.
1616 *Sankt Velten.* Am 14. Februar, dem St. Valentinstag, paaren sich nach altenglischem Volksglauben die Vögel.
1661 *Drei selb drei.* Selbdritt, zu dritt.
1711 *Ein Phönix – ein Phänomen.* Bei Shakespeare sagt Squenz paramour (Buhle) und Flaut korrigiert ihn in paragon (Ausbund).
1758 *Kiel.* Federkiel.
1786 *Das Treffen der Zentauren.* Der Kentaurenkampf, vgl. Ovids Metamorphosen XII, 531ff.
1787 *Hämling.* Kastrat.
1790 *Bacchanalen.* Bacchantinnen oder Mänaden, die trunkenen Begleiterinnen des Bacchus oder Dionysos, die in ihrer Raserei den thrakischen Dichter Orpheus zerrissen. (Ovid, Metamorphosen XI, 1ff.)
1794 *„Der Musen Neunzahl…"* Anspielung auf die 1591 erschienene elegische Dichtung „Die Tränen der Musen" von Spenser, in der jede der neun Musen den Verfall ihrer Kunst beklagt.
1915 *Es ist die witzigste Abteilung.* Partition = Scheidewand, abgeleitet von part = Rolle.
1940 *geküttet.* gekittet.
1946ff. *Limander, Helena, Schefelus, Procrus.* Die ungebildeten Handwerker verballhornen die griechischen Namen von Leander und Hero, Kephalus und Prokris, den beiden berühmten Liebespaaren der griechischen Sage, die Shakespeare aus Ovids Metamorphosen kannte.
2041 *defloriert.* entjungfert.
2083 *Ihr Schwestern drei!* Anrede an die Parzen, die drei Schicksalsgöttinnen.
2097 *Bergomasker Tanz.* Ein Rüpeltanz. Im italienischen Volkstheater galten die Landleute von Bergamo als ungeschliffene Rüpel.
2128 *Hekates Gespann.* Gespann der Mondgöttin und Göttin der Schattenwelt Hekate. Im englischen steht „triple" nach dem griechischen „Hekate trimorphis": dreigestaltige Hekate, die Persephone, Aphrodite und Hera (das Mädchen, die Frau und die Mutter) in sich vereint.